走近圣贤丛书

丛书总主编 舒大刚

走近庄子

向往大道之境
开启逍遥之旅
尽享智慧人生

张希峰 著

山东城市出版传媒集团·
济南出版社

图书在版编目（CIP）数据

走近庄子 / 张希峰著. -- 济南：济南出版社，
2020.7
　（走近圣贤 / 舒大刚主编）
　ISBN 978-7-5488-4134-0

　Ⅰ.①走… Ⅱ.①张… Ⅲ.①庄周（约前369-前
286）—生平事迹 Ⅳ.①B223.5

中国版本图书馆CIP数据核字（2020）第043091号

出 版 人　崔　刚
丛书策划　冀瑞雪
责任编辑　孙育臣
装帧设计　李海峰

出版发行　济南出版社
地　　址　山东省济南市二环南路1号（250002）
编辑热线　0531—86131747（编辑室）
发行热线　82709072　86131701　86131729　82924885（发行部）
印　　刷　山东新华印刷厂潍坊厂
版　　次　2020年8月第1版
印　　次　2020年8月第1次印刷
成品尺寸　150mm×230mm　16开
印　　张　10.25
字　　数　145千
印　　数　1—5000册
定　　价　37.00元
（济南版图书，如有印装错误，请与出版社联系调换。联系电话：0531-86131736）

总　序

这是一个需要圣人而且产生了圣人的时代。

在公元前 800 年—公元前 200 年,在地球北纬 20°和北纬 40°之间的地域,世界上一批思想巨星和艺术宗匠闪亮登场,他们的思想和学说照亮了历史的天空,开启了人类的智慧,并一直温暖着人们的心灵。

那是一个群雄纷争、诸邦并列的时代:在古代欧洲,是希腊、罗马各自为政的城邦制时代;在南亚次大陆,是小国林立、诸邦互斗的局面;在古代中国,则是从"溥天之下,莫非王土"的西周王朝,转入了诸侯争霸、七雄战乱的"春秋战国"时代。那时天下大乱,战火连绵,强凌弱,众暴寡,争地以战杀人盈野,争城以战杀人盈城,百姓生活在被侵袭、蹂躏和面临死亡的威胁之中。如何才能恢复社会秩序,实现社会安定? 什么才是理想的治国安邦良策? 芸芸众生的意义何在? 人类前途的命运何在? 正是出于对这些现实问题的思考,一批批先知先觉诞生了,一服服治世良方出现了。人类历史也由此进入了智慧大爆发、思想大解放的"诸子并起,百家争鸣"时代!

在古波斯,琐罗亚斯德(前 628—前 551)出现了;在古希腊,苏格拉底(前 469—前 399)、柏拉图(前 427—前 347)出现了;在以色列,犹太教先知们出现了;在古印度,佛陀释迦牟尼(约前 565—前 485)诞生了;在中国,则有管子(约前 723—前 645)、老子(约前571—前 471)、孔子(前 551—前 479)、孙子(约前 545—约前 470)、墨子(约前 475—前 395)等一大批精神导师、圣人贤人横空出世! 德国哲学家雅斯贝尔斯在 1949 年出版的《历史的起源与目标》中,将这一时期定义为"轴心时代",并认为,"轴心时代"思想家们提出的思想原则,塑造了不同的文化传统,也一直影响着人类未来的生活。在希腊、以色列、中国和印度的古代文化都发生了"终极关怀的觉醒",智者们开始用理智的方法、道德的方式来面对这个世界,同时也产生了宗教和哲学,从而形成了不同类型的智慧,逐渐形成了"中国文化圈""佛教和印度教文化圈""希腊—罗马和犹太—基督教文化圈",决定了今天西方、印度、中国、伊斯兰不同的文化形态。这些文化圈内人们的思想因为有了"轴心时代"思想家的智慧火花,才一次又一次地被点燃,这些文化也才一代又一代地被传承被发展。

相反,由于没有"轴心时代"先知先觉思想的恩惠,一些古老文明也就无缘实现自己的超越与突破,如古巴比伦文化、古埃及文化、古玛雅文化,它们虽然都曾经规模宏大、雄极一时,但最终都被历史的岁月无情地演变成文化的化石。

中华民族以其悠久的历史和灿烂的文化屹立于世界民族之林,中华文化历经数千年而不衰竭,今日更以雄姿英发之势,傲视寰宇。它不仅是"世界四大古文明"(古埃及、古巴比伦、古印度和中国)中唯一迄今仍然巍然独立、生生不息的一个,也是上述四大文化圈中传承序列最明晰、文化形态最温和、可持续性最强的一种文化。

浩浩龙脉,泱泱华夏,何以能创造如此文明奇迹? 中国"轴心时代"期间的"诸子百家"、圣人贤人所做的绝妙思考和留下的精神财富,无疑就是历代中国人获取治国安邦之术的智慧源泉。在这一群圣人贤人之中,有德有位、立言立功、多才多艺的周公(姓姬,名旦)无疑是东方智慧大开启的奠基者。历五百年,随着王室东迁、文献流播,而有管子、老子、孔子、孙子者出。管子是用知识和理想治理社会和国家而获得成功的第一人,是后世儒与法、道与名诸多原理的蕴蓄者。老子曾为周守藏室史,主柱下方书,善观历史,洞晓盛衰,得万事无常之真谛,故倡言不争无为,而为道家鼻祖。孙子虽言兵,然而崇仁尚智,以兵去兵,而为兵家之神圣。同时,有孔子者出,远法尧舜之美,近述周公之礼,删六艺以成"六经",开学官以授弟子,于是乎礼及庶人,学术下移,弟子三千,达徒七十有二,口诵"六经",身行孝敬,法礼乐,倡仁义之儒家学派因而诞生!

自是之后,民智大开,学术鼎盛,家有智慧,人有热忱,皆各引一端,各树一帜,于是崇俭兼爱的墨家(以墨翟、禽滑釐为代表),明法善断的法家(以申不害、商鞅、韩非为代表),循名责实的名家(以邓析、公孙龙为代表),务耕力织的农家(以许行、陈相为代表),清虚自守的道家(以文子、庄子为代表),象天制历的阴阳家(以子韦、邹奭、邹衍为代表),以及博采众长的杂家(以尸佼、吕不韦为代表),纵横捭阖的纵横家(以鬼谷子、苏秦、张仪为代表),纷纷出焉,蔚为人类思想史上之大观!

诸家虽然持说不同、观点互异,但其救世务急之心则一。善于汲取各家智慧,品读各家妙论,折中去取,必收相反相成、取长补短之效。《诗》曰:"我思古人,实获我心!"生今之世,学古之人,非徒抒吊古之幽情、发今昔巨变之慨叹而已,亦犹有返本开新、鉴古知今之效云尔!

是为序!

目　录

汉唐书局

第一章　哲人的风采

——游戏人生，超世脱俗

从前475年到前221年嬴政统一中国，是中国历史上变革最为剧烈的时期，史称"战国"。"战国"的命名，大概是因为战争在这一历史时期有着特别重要的意义。战国时期的254年内，战乱频仍，烽火连天，战争成为诸侯兼并争霸最主要的手段。另一方面，各国诸侯为增强争霸实力大都积极进行政治、军事、经济制度的改革，迫切需要多方面的、大量的人才。于是，传统的宗族出身和政治经济地位限制被突破，传统的思想文化观念禁锢被打开，一大批有才能、有文化的士走上政治舞台。他们有的高居相位，如李悝、卫鞅、吴起、申不害等，充当改革先锋；有的成为名将，南征北战，如乐毅、白起、王翦；有的成为游说之士，如张仪、苏秦，凭其三寸不烂之舌谋求富贵，合纵连横；有的成为高士，如段干木、颜斶、鲁仲连，高洁尚义；有的成为侠士，如聂政、田光，荆轲，视死如归。除此之外，在思想文化领域涌现出一大批学士，他们著书立说，广聚徒众，成家立派，争相宣传自己的思想和主张，共同开创了中国思想文化史中最为人津津乐道的"百家争鸣"的活跃局面。

"百家争鸣"不仅促进了思想的解放和文化的空前繁荣，而且造就了一大批天才思想家，如墨翟、孟轲、惠施、公孙龙、荀卿等，一时群星璀璨。而庄子，当然是这璀璨群星中极为耀眼的一颗！

一、"贫贱不能移"

庄子名周,宋国蒙(今河南商丘市东北)人,其家世不可考,史籍无传。庄子生活在前 369 年至前 286 年,与有名的战争狂人梁惠王、齐宣王同时。其尝为蒙漆园吏,即管理漆园的小官,因这与其志趣不合,不久庄子便辞职而去。此后,庄子从未出仕,大约终身为自由职业者。

因为没有固定职业,其祖辈大概也没有留给他丰厚的家产,所以庄子的生活状况一直很惨。在庄子所处的时代,士这个阶层的人出路还是较多的。如上所述,士可以去游说诸侯,鼓吹治国兴邦之术,一旦得到赏识,可以入朝为将相,例如苏秦曾挂六国相印。次之是投靠权贵,做个门客。例如,冯谖寄食孟尝君门下,吃饭有鱼,出门有车,所得还可供养家人。但这些庄子皆不愿为。另外,当时齐国东门外有个稷下学官,招罗天下著名学者,列第为大夫,不治而议论。孟轲、荀况曾先后去讲学。庄子"善属书离辞""其学无所不窥",有盖世之才。按理说,他不愿出仕与暴君、贪官同流合污,去稷下学官讲讲学混碗饭吃总可以吧。但庄子认为,稷下学官那班学者整日摇唇鼓舌、喋喋不休地争论一些诸如"卵有毛,鸡三足"之类的事情,实在无聊得很,所以也没有去。

庄子究竟穷困潦倒到什么地步,史书没有记载,不过从庄子的著作里可以看到一点儿蛛丝马迹。他曾垂钓于濮水,可能是为了辘辘饥肠;他也曾同弟子行于山中,可能是砍樵换米。尽管庄子如此辛苦,挨饿的时候也是有的。据《庄子·外物》记载:

> 庄周家贫,故往贷粟于监河侯。监河侯曰:"诺,我将得邑金,将贷子三百金,可乎?"庄周忿然作色曰:"周昨来,有中道而呼者。周顾视车辙中,有鲋鱼焉。周问之曰:'鲋鱼来,子何为者邪?'对曰:'我,东海之波臣也。君岂有斗升之水而活我哉?'周曰:'诺,我且南游吴越之王,激西江之水而迎子,可乎?'鲋鱼忿然作色曰:'吾失我常与!我无所处,吾得斗升之水然活耳。君乃言此,曾不

如早索我于枯鱼之肆!'"

虽然庄子穷到了告贷无门的地步,但是仍然对监河侯的无理予以辛辣的讽刺。

庄子告贷,监河侯非但不予救济,反而以其将得封邑百姓之租税骄人,并以"将贷子三百金"戏弄庄子。由此可见当时统治者对不跟他们同流合污的士人的敌视和仇恨。一个正直的知识分子要保持清白而不丧失人格,又是多么艰难!

庄子"忿然作色"回击监河侯。他说,昨天于车辙中见一鲋鱼,为"东海之波臣也",欲求斗升之水活命;而他称要南游吴越之王,然后激西江之水迎鲋鱼回东海。这实际是见死不救,因此遭到鲋鱼"曾不如早索我于枯鱼之肆"的痛斥。庄子用这则寓言,揭露了统治者对正直清白不为其所用之士赶尽杀绝的狼子野心。

在穷困潦倒的生活中,庄子对他自己食不果腹、衣不蔽体的原因是清楚的。《庄子·山木》中记载说:

> 庄子衣大布而补之,正緳系履而过魏王。魏王曰:"何先生之惫邪?"庄子曰:"贫也,非惫也。士有道德不能行,惫也;衣弊履穿,贫也,非惫也,此所谓非遭时也。"

"非遭时也",一语道破真机!

身上穿着打了补丁的粗布衣衫,脚上是一双麻绳绑着的草鞋,而庄子这衣履不完的样子,魏王认为其是"惫",庄子则自称是"贫"。庄子通过对"惫"和"贫"的辨析,表现了其"贫贱不能移"的高贵品格。他清醒地认识到,他的贫困是他所处的那个黑暗社会的"昏上乱相"造成的。

二、游戏人生

黑暗社会的压迫和贫穷的困扰,是一般人难以忍受的,但这对庄子来说并不算什么。衣履不完,饥肠辘辘,改变不了他豁达乐观的态度。在主观世界里,庄子常常幻想"乘云气,骑日月,而游乎四海之外";在现实生活中,庄子与朋友和弟子交游,充满了艺术情趣。

惠子是庄子的老朋友，二人过从甚密，友谊很深。他们共同探讨哲学，切磋琢磨，有时还进行辩论。《庄子·秋水》中记载：

> 庄子与惠子游于濠梁之上。庄子曰："儵鱼出游从容，是鱼之乐也。"惠子曰："子非鱼，安知鱼之乐？"庄子曰："子非我，安知我不知鱼之乐？"惠子曰："我非子，固不知子矣。子固非鱼也，子之不知鱼之乐，全矣。"庄子曰："请循其本。子曰'汝安知鱼乐'云者，既已知吾知之而问我。我知之濠上也。"

在这里，与其说是两人争论认识上的感知问题，还不如说是欣赏水中之鱼。"我知之濠上也"，唯庄子能出此妙语！惠子是名家的代表人物，好与人辩论"坚白异同"等逻辑问题，多占上风，但他哪里是庄子的对手。

惠子死后，有一次庄子经过他的墓地，大动怀旧之情，就给随从的人讲了一个"运斤成风"的故事。故事中有个楚国人鼻子上涂了一点薄如蝇翅的白粉，请一个名叫石的工匠用斧子砍下去。匠石抡圆斧子一下子砍去，楚国人泰然自若，白粉被削得一干二净，鼻子一点儿也没受伤。宋元君闻知此事也要试试，就把匠石请入宫中。匠石说："我是有这样的本事，不过我的老搭档死了，再也没人能跟我配合了。"惠子生前，庄子跟他辩论时感到充满了活力和智慧，而今惠子的离去让庄子感到了孤独和悲凉。

自春秋时期孔子开创私人收徒讲学之风气以来，学者纷纷效法。到战国时期，学术思想派别已号称"百家"。庄子祖述老子的学说，为战国时期道家的代表人物，其学问博大精深，当然也有弟子相随问学。庄子同弟子的关系特别融洽，弟子有疑问，他总是以妙语作答。

据《庄子·山木》所述：一次庄子行于山中，见到一株枝繁叶茂的大树，而伐木者只是停在树的周围并不动手。庄子上前问其缘由，伐木者答曰："（这棵树）没有什么用处。"庄子说："这株大树因其不成材而得以终其天年。"庄子出山后住在老朋友家里，主人命仆人杀鹅款待。仆人请示说："一只鹅能鸣叫，一只鹅不能鸣叫，请问该杀哪一只?"主人说:"杀那只不能鸣叫的。"次日,庄子的弟子问庄子说:"昨天山中之木因为不成材而得以终其天年,今日主人之鹅因不成材(即不能鸣叫)而死。先生您将做何选择?"庄子会心一笑说:"周将处乎材与不材之间。"

与朋友相处,其乐融融;与弟子相处,亦其乐融融。庄子不仅有一代哲人的天才智慧,而且有普通人对人生的挚爱。在现实生活中,他潇洒而不失天真,诙谐而不失机智,其风范对后世文人影响很大。

三、超世脱俗

作为当时最负盛名的学者和道家的代表人物,庄子也曾与诸侯交接,比如他"衣大布而补之,正廲(xié)系履而过魏王",往见鲁哀公、赵文王。不过庄子往见的目的,不是求职谋官,而是去教训他们。至于诸侯以高官厚禄相诱,他是从来不买账的。

司马迁在《史记·老子韩非列传》中记载说:

> 楚威王闻庄周贤,使使厚币迎之,许以为相。庄周笑谓楚使者曰:"千金,重利;卿相,尊位也。子独不见郊祭之牺牛乎?养食之数岁,衣以文绣,以入大庙。当是之时,虽欲为孤豚,岂可得乎?子亟去,无污我!我宁游戏污渎之中自快,无为有国者所羁,终身不仕,以快吾志焉。"

这段记载的内容皆出自庄子的著作而略有出入。司马迁从《庄子》一书中选出这样的故事写进《史记》,是独具匠心的。

千金厚币,不为不重;卿相之位,不为不尊:二者都是多少人梦寐以求而无法得到的。很多人为此出卖灵魂、出卖人格,甚至铤而走险,不惜以身家性命为代价。但在庄子看来,千金犹如粪土,位居卿相就像做了郊祭之牲而任人宰割。以个人的自由甚至身家性命去换取功名利禄的人,是再愚蠢不过的了。

庄子终身不仕,就是为了保持独立的人格和自由。对"无为有国者所羁""以快吾志"二者之间的因果关系,庄子是非常清楚的。唯其如此，庄子才笑对诸侯，终身甘居草泽。

庄子不仅对现世的功名利禄视之如敝屣(xǐ)，而且对传统的礼法制度也不屑一顾，有惊世骇俗之举。

按照传统的礼法制度和习俗，丧葬是一件大事。根据文献记载和考古发现，我国在战国时期还存在着野蛮的殉葬制度，贵族、富豪死后都要用大量的珍贵物品随葬。贪生怕死是当时社会的一种普遍心理。

庄子认为，天地万物皆生于道，人也同样。因此，他把人的生死比作天之昼夜，生叫作"天行"，死叫作"物化"或"悬解"，一切都是自然而然的事情。人生于道而死后归之于道，所以，乐生恶死实在没有必要。尤其是人幻想死后还享受生前的快乐，实在是愚蠢极了。

正因为有着这样豁达的生死观，庄子在妻子死后，竟箕踞鼓盆而放声高歌，为妻子的"悬解"而深感欣慰。他自己临死之前，听到弟子们要厚葬他，就说："我以天地为棺椁，以日月为连璧，以星辰为珠玑，以宇宙间万物为随葬品。如此，我的葬具齐备，我还需要什么其他的东西呢？"

生不足恋，死不足惧，两相比较，死并没有什么不好。一次，庄子到楚国去，路上见到一具髑髅，问之不应，就援之为枕而睡去。夜半，髑髅托梦于庄子说："死后上无君下无臣，四时的劳作也都不干了。死后与天地共存，其快乐是活着南面称王都无法相比的。"庄子在这里表现了他对生死的达观。说者或据此指责他消极厌世，未免失之偏颇。

庄子人格高洁，卓然独立于世。其生平事迹别具传奇色彩，可惜所存史料不多，实为千古憾事。好在他的一部洋洋洒洒的大著比较完整地流传了下来，可使我们在两千多年后的今天跟他沟通，并从中领略他那博大的胸怀和照人的风采，从中探寻智慧的宝藏。

第二章　超越时空的境界

——大道皇皇

在汉语中，"道"是一个义项较多、使用频率相当高的词。这其中的原因，恐怕与汉民族的文化特点有关。在汉民族的传统文化中，"道"有着特殊的地位。做人有做人之道，治学有治学之道，养生有养生之道，如此等等，人们执着于对"道"的追求。汉民族重"道"的文化特点，还影响到其他民族和国家，例如日本，有书道、茶道等。现代日本围棋界，还出现了一个"求道派"，例如武宫正树的"宇宙流"。

但在中国思想史上，"道"不是道术的意思，而是一个哲学范畴，并且在不同的学派中有不同的含义。孔子说"朝闻道，夕死可矣"，是说如果早晨闻知了道，就是晚上命归黄泉也心满意足了。可见，孔老夫子是个求道派，也是个殉道派。庄子和老子，都把"道"推到至高无上的地位，作为他们各自的思想体系的核心，以致后世老、庄并称，其学派在中国思想史上独树一帜，名之曰"道家"。

庄子继承了老子的道，但有所创新。大体上说，庄子论道，不像老子那样重视道的本体、重视道在宇宙生成过程中的作用，而是把道化为一种人生可以达到的境界——一种空灵明净的境界。更有意义的是，庄子具体描绘了道的境界，分析了修道的过程，介绍了修道的方法，还刻画了一些栩栩如生的得道者形象。庄子的哲学，实际是人生哲学。

一、道与道的境界

《庄子》论道的本体,文字不多,且散见于全书各篇,比较集中的是《大宗师》中的一段,摘录如下:

> 夫道有情有信,无为无形;可传而不可受,可得而不可见;自本自根,未有天地,自古以固存;神鬼神帝,生天生地;在太极之上而不为高,在六极之下而不为深,先天地生而不为久,长于上古而不为老。

这段话对道的描绘相当完整,但比较抽象,我们还是联系庄子对道的其他论述来分析。

"道有情有信,无为无形",关键是"情""信"二字。《齐物论》中说"可行己信,而不见其形,有情而无形",指的就是道。其中"己信"对"其形","有情"对"无形"。《秋水》中河伯问:"至精无形,至大不可围,是信情乎?"成玄英疏云:"信,实也。"《应帝王》中蒲衣子说泰氏"其知情信,其德甚真",成玄英疏云:"信,实也。"上引三例,均证"情""信"同为"真实"之意。"无为",即无所作为;"无形",即看不见、摸不着。这句话的意思是说,道虽然无所作为,看不见、摸不着,但它是真实存在的。

"可传而不可受,可得而不可见",这话似乎有矛盾。《知北游》中无始说:"道不可闻,闻而非也;道不可见,见而非也;道不可言,言而非也。"又说:"有问道而应之者,不知道也。"道不可闻,不可见,不可言,有人问也不能应,靠什么手段传呢? 我们看一个传道的例子吧。《人间世》中,孔子对颜回说:"若一志,无听之以耳而听之以心,无听之以心而听之以气。听止于耳,心止于符。气也者,虚而待物者也。唯道集虚。虚者,心斋也。"颜回听后习之,果然得道。由此可见,传道是传得道之术,受道是受得道之术。道虽然不可见,但学到得道之术,通过修养,就可以得道。

"自本自根，未有天地，自古以固存"，是说：道是永恒的、自生自存的，只知道它在没有天地之前就存在了，而不知道它的起始。道无始无终。哲学家们总喜欢追求世界的本原，但庄子不以为然。《齐物论》中说"有未始有夫未始有始也者""有未始有夫未始有无也者"。从道的角度看，本无所谓始，当然也无所谓终；所以，追求始终是徒劳的。

"神鬼神帝，生天生地"，着重强调道的力量和作用。殷、周以来流行的神创世说，在这里受到了挑战。那一向被认为神通广大的鬼和天帝，其神通远远不及于道。那一向受人跪拜的天地，也是道的产物。

"在太极之先而不为高，在六极之下而不为深，先天地生而不为久，长于上古而不为老。""太极之先"，即太极之上；"六极"，东西南北上下的极限。郭象解释这句话说："言道之无所不在也，故在高为无高，在深为无深，在久为无久，在老为无老。无所不在，而后在皆无也。"郭说可从。概言之，道是越乎时空的。

道不仅"生天生地"就了事，还产生万物。在《知北游》中，孔子问道于老聃，老聃说：

> 夫道，窅（yǎo）然难言哉！将为汝言其崖略：夫昭昭生于冥冥，有伦生于无形，精神生于道，形本生于精，而万物以形相生。故九窍者胎生，八窍者卵生。其来无迹，其往无崖，无门无房，四达之皇皇也。

"窅然"，深远的样子；"崖略"，大概。老子说"道可道，非常道"，庄子说"昭而不道"，二人都认为道不可言。老聃即老子。老子在这里说"夫道，窅然难言哉"，也是讲道难以用语言表达，不得已而言之，他也只能给孔子讲个大概。"昭昭"，形容明亮；"冥冥"，形容昏暗。从宇宙的生成和发展过程来看，开天辟地、万物演化的景象，是从混混沌沌的远古演变而来。有形之物从无形中来，精神生于道，形又生于精神，万物又以各种形态相互转化。所以，九窍的人和动物是胎生的，八窍的动物是卵生的。而道本身则来无踪迹、往无涯际，没有来源，也没有归宿,无所不通,无限宽广。

老子论道生万物,不是直接生出万物,而是赋予万物以神。"万物以形相生",道是原动力。万物互相转化,道不离其宗,所以,道不像霹雳闪电那样捉摸不定,也不是空中楼阁而高不可攀。在《知北游》中,东郭子向庄子问道,两人有一段对话如下:

> 东郭子问于庄子曰:"所谓道,恶乎在?"
>
> 庄子曰:"无所不在。"
>
> 东郭子曰:"期而后可。"
>
> 庄子曰:"在蝼蚁。"
>
> 曰:"何其下邪?"
>
> 曰:"在稊稗。"
>
> 曰:"何其愈下邪?"
>
> 曰:"在瓦甓(pì)。"
>
> 曰:"何其愈甚邪?"
>
> 曰:"在屎溺。"
>
> 东郭子不应,庄子曰:"夫子之问也,固不及质。正获之问于监市履狶也,'每下愈况'。汝唯莫必,无乎逃物。至道若是,大言亦然。"

道无形而不可见,东郭子不知道在哪里。当庄子告诉他"无所不在"时,他仍不明白,便要庄子举个例子。庄子依次举蝼蚁、稊稗、瓦甓、屎溺为例,东郭子觉得一个比一个卑下。庄子见东郭子"拘于形"而不能自拔,问话也问不到点子上,只好换了一个角度举例说:司正、司获二人问负责市场管理的"监市"怎样测知猪的肥瘦,"监市"告诉他们"每下愈况",即用脚去踩猪腿,猪腿愈往下愈能反映猪的肥瘦。庄子借"每下愈况"这个例子,说明道在屎溺那样卑下的东西中都存在,当然是"无所不在"了。因此,庄子要东郭子不要绝对化,不要以为道像实体物质那样仅存在于某一特定的空间,因为道内化于物之中。

　　道无所不在，大到"太极之先""六极之下"，小到蝼蚁、稊稗、瓦甓、屎溺之中。物离不开道，道也离不开物。

　　庄子作为哲学家，把目光投向无限的时空，但他不把探求宇宙的本原及其发展作为终极目标，而是把道化为心灵的境界，把道作为解决现世人生问题的法宝。人一旦得道，精神就会无限升华，从而向宇宙无限扩展。

　　道的境界是奇幻无比的，人活跃于其中。兹举例如下：

　　　　乘天地之正，而御六气之辩，以游无穷。（《逍遥游》）

　　　　乘云气，御飞龙，而游乎四海之外。（《逍遥游》）

　　　　至人神矣！……若然者，乘云气，骑日月，而游乎四海之外，死生无变于己。（《齐物论》）

　　　　圣人不从事于务……而游乎尘垢之外。……旁日月，挟宇宙。（《齐物论》）

　　　　芒然彷徨乎尘垢之外，逍遥乎无为之业。（《大宗师》）

　　　　乘夫莽眇之鸟，以出六极之外，而游无何有之乡，以处圹埌之野。（《应帝王》）

　　据以上所引，活跃在道的境界中的是人，不是凡夫俗子，而是"至人"或"圣人"。所乘御的对象名称不一，或抽象为"天地之正""六气之辩"，或具体为"云气""飞龙""日月"，但都是"莽眇之鸟"。所游之处，不管是"尘垢之外"，还是"四海之外"，都是"无何有之乡"。可见，在道的境界中，除了人是真实的，其他一切都是虚拟的或虚化的。所以，道的境界不存在于客观世界，而存在于得道者的心中，是人生的最高境界，即人的主观精神摆脱了客观束缚所达到的最高境界。

　　在现实生活中，人们常常为生活空间的狭小而苦恼，为理想的破灭而压抑，为匆匆白了少年头而感伤。更有生活的重负、工作的繁忙、人际关系的微妙等，压得人透不过气来。这些在人世间无法解决的问题，在人进入道的境界后都不复存在了。人的精神从封闭的状态下解放出来,到无限的时空中尽情飞扬。

在充满自由的道的境界里,人终于打碎了一切精神枷锁,现实生活中失去的东西,在精神上得到了补偿。所以,庄子所描绘的道的境界,开拓了人的精神活动空间,对失去了自由的芸芸众生有极大的吸引力。

二、修道的过程

道给人生展示了无限的光明,于是,人就把道作为最高目标去追求。

在《大宗师》中,女偊得道了,虽年长但相貌显得非常年轻。南伯子葵便向女偊问道,女偊给他讲了修道的过程。女偊说:

> 夫卜梁倚有圣人之才而无圣人之道,我有圣人之道而无圣人之才。吾欲以教之,庶几其果为圣人乎?不然,以圣人之道告圣人之才,亦易矣。吾犹守而告之,参(通“三”)日而后能外天下;已外天下矣,吾又守之,七日而后能外物;已外物矣,吾又守之,九日而后能外生;已外生矣,而后能朝彻;朝彻而后能见独;见独而后能无古今;无古今而后能入于不死不生。

“守而告之”,旧说女偊守卜梁倚而告之,闻一多先生校为“告而守之”,与下文“吾又守之”文法一致,其说至精。在说修道的过程以前,女偊要南伯子葵先消除一个误解。她举例说,卜梁倚有圣人之才,他要用圣人之道对其教诲,人们就以为卜梁倚或许由此得道而成为圣人,其实不然。因为道无形无名,“可传而不可得”。他强调修道重在“守”字,告诉卜梁倚自己对修道过程的体验:“守”了三天之后,就把天下置之度外了;然后又“守”了七天,就把人间一切事物都置之度外了;然后又守了九天,就把生命置之度外了;一旦把生命置之度外,心灵就像早晨旭日东升的万里晴空一样,清澈明朗,豁然贯通。进入这一境界,就能见到无为的大道,突破时空的限制,无所谓古今生死,与大道永存。

由此可见,修道的关键在于"守"的功夫。"守",然后才能"外",前者是手段,后者是目的。在《知北游》中,大马之捶钩者年已八十高龄,但锻造出来的钩尖如毫芒。他向大马,即大司马介绍自己的经验说:

> 臣有守也。臣之年二十而好捶钩,于物无视也,非钩无察也。

这捶钩者的"守",就是"于物无视也,非钩无察也",即把精力全部集中在捶钩上。修道的"守"也是如此,心志纯一,收视反听,守心性而不务外。打个比方,修道就像作战守城,把"天下""外物""生死""古今"等一切都看作敌人,一个也不放进来。

女偊所述修道的过程,论者或分析为修道的七个层次。其说可商。修道要"守",以得道为最高目标。"守"到"外生"阶段,就进入"朝彻"境界,在这个境界里,就见到大道了。所以,"外生"以后,就不再出现"守"字。"朝彻""见独""无古今""不死不生",共同构成修道的最高层次,是从不同方面对得道时所呈现出来的心态的描写。这样看来,修道的过程只有三个层次:"外天下"为第一个层次,"外物"为第二个层次,"外生"为第三个层次——最高层次。

"外天下",即"遗其世故",摆脱各种社会关系的束缚。换言之,就是不追求个人的社会价值,抛弃功名。在《田子方》中,孙叔敖做令尹,三起三落而不喜不忧。肩吾对此疑惑不解,孙叔敖就对他说:

> 吾何以过人哉!吾以其来不可却也,其去不可止也。吾以为得失之非我也,而无忧色而已矣。我何以过人哉!且不知其在彼乎?其在我乎?其在彼邪亡乎我,在我邪亡乎彼。方将踌躇,方将回顾,何暇至乎人贵人贱哉!

孙叔敖声称自己与常人实无两样,只是把令尹之位看作来不可却、去不可留而已,因而三去令尹而面无忧色。但他的思维方式很特殊,他不知道得失发生在令尹之位上还是他自己身上。如果发生在令尹之位上，就与他本人无关；如果发生在他本人身上，就与令尹之位无关。他在主观上把他本人和令尹之位截然分开，是由于他守其心性而进入了"外天下"的境界。问题不在于令尹之位客观上的得与失，而在于其主观上的得与失。所以，孙叔敖非但"面无忧色"，而且"方将踌躇，方将回顾"，如同解牛的庖丁，从容自得向四处张望。

"外物"，即"不为物役"，不沉湎于财货、饮食、男女、声色之中，超然物外。在《知北游》中，啮缺向被衣问道。被衣说：

> 若正汝形，一汝视，天和将至；摄汝知，一汝度，神将来舍，德将为汝美，道将为汝居。汝瞳焉如新生之犊而无求其故。

被衣的话刚说到一半，啮缺竟呼呼地睡着了。被衣见状大喜，就一边唱歌一边离去。歌词如下：

> 形若槁骸，心若死灰，真其实知，不以故自持。媒媒晦晦，无心而不可与谋。彼何人哉！

被衣向啮缺传道，一要啮缺端正形体，集中视觉，自然和顺就会到来；二要啮缺收敛心智，不辨万物，神明就会到来。只要啮缺做到这两点，就会美德在身，修得大道，就会像初生的牛犊一样，懵懵懂懂地拜四方而不求何故。啮缺睡去，是得道之兆，故被衣高兴地唱起歌来。

被衣唱的歌，描绘的是得道而酣睡的啮缺：形体像枯骨一动不动，心神如死灰平静无息；真正领悟了大道的真实，不再守成见而固守一端；懵懵懂懂，内心虚寂，谁也不能与之谋事。啮缺进入的境界，就是"外物"的境界。

歌词最后一句"彼何人哉"，是被衣的感慨，得道前后的啮缺判若两人。这情形，正像《齐物论》中隐机而坐的南郭子綦，"仰天而嘘，嗒焉似丧其耦"，形如槁木而心如死灰，令颜成子游感叹"今之隐机者，非昔之隐机者"也。

"外生"就是不计生死。在《田子方》中，有下面这样一个惊险故事：

列御寇为伯昏无人射，引之盈贯，措杯水其肘上，发之，适矢复沓，方矢复寓。当是时，犹象人也。伯昏无人曰："是射之射，非不射之射也。尝与汝登高山，履危石，临百仞之渊，若能射乎？"于是无人遂登高山，履危石，临百仞之渊，背逡巡，足二分垂在外，揖御寇而进之。御寇伏地，汗流至踵。伯昏无人曰："夫至人者，上窥青天，下潜黄泉，挥斥八极，神气不变。今女怵然有恂目之志，尔于中也殆矣夫！"

列御寇，就是《逍遥游》中那个"御风而行，泠然善也"的列子。故事的大意是，列子把弓拉满，肘上放一杯水，一箭接一箭地嗖嗖射去，箭箭命中而且依次并排于目标上。射箭时的列御寇，镇定如木偶一般。但伯昏无人对列御寇如此神功，以为只是有心之射，还不是无心之射。他要与列御寇一起登上高山，临百仞之深渊，踏悬崖之危石，看看列御寇还能不能射箭。他先行一步登上高山，身临百仞之渊，脚踏悬崖之石，背向深渊一步步后退，一直退到脚后跟悬空二分了才停下来。他从容地向列御寇作了一个揖，要列御寇向前。可是列御寇早就吓坏了，趴在地上不敢前进，汗水流至脚后跟。看到列御寇狼狈不堪，伯昏无人说："至人上窥见青天，下潜入黄泉，奔驰八方，神色不变。而你此时吓得心神不定，是很难射中目标的。"

伯昏无人与列御寇竞射，实际上是得道者与技高者之间的较量，"道进乎技"。伯昏无人已进入"外生"的境界，因而具有超人的勇气，而列御寇技虽高但顾虑生死，故在"百仞之渊"边俯首称臣、甘拜下风。得道者"无心"，技高者"有心"，"无心"的境界是"有心"者不可企及的。

清晨，一轮红日从东方冉冉升起，碧空如洗，满眼尽是金灿灿的阳光，这就是"朝彻"的景象，比喻人在扫除一切欲念之后心灵所呈现出来的清澈空明的状态。此时，人才真正从外在的压力和内心的苦恼中解脱出来，从价值转向生命。所以，在"朝彻"的境界里，人终于"丧其耦"而"见独",即看见了独一无二的大道。此时,人的精神才真正获得了解放,从有限的时空进入无限的时空。所以,在"朝彻"的境界里,根本不存在古今、生死的困扰。

修道的过程是简短的,但得道者的精神将获得永恒。

三、修道的方法

庄子所论修道的方法,是具体的养生方法的升华,二者是相通的。例如,《齐物论》中的"丧我""丧其耦",《人间世》中的"心斋",《大宗师》中的"坐忘""息之以踵",《刻意》中的"养神之道"等,既是养生方法又是修道方法。这些,我们在论养生之道时将要论及,故在此不赘述。这里,我们只介绍一个具体谈修道的例子。

在《田子方》中,孔子见老聃,五问五答,老聃比较详细地介绍了怎样把修道的方法具体运用于修道的过程。

孔子初见老聃,老聃刚刚洗过头,正披散着头发在晾干,一动不动地像木偶。见此情景,孔子只好退到门外等着。过了一会,孔子进门拜见,于是开始了两人的第一次对话:

> (孔子)曰:"丘也眩与? 其信然与? 向者先生形体掘若槁木,似遗物离人而立于独也。"老聃曰:"吾游心于物之初。"

孔子看到老聃在晾头发时,身体直立静如枯木,好像超然物外而游离于人间,立身于"独"。老聃这样子,使孔子不知道是他自己眼睛花了还是果真如此,于是发问。老聃解释说,他正游心于万物的初始。

"独"是《大宗师》中"见独"的"独",指独一无二的大道,与"丧耦"的"耦"相对。"耦"通"偶",即偶像,指用泥土、木头等雕塑而成的人像。"物之初",也指大道。从宇宙的生成过程追溯,天地万物皆生于道,故称之为"物之初"。道无形无名,"自本自根"。老聃以"游心于物之初"回答孔子所问的"立于独",以说明自己用心于虚无之道。

第二次,孔子问什么是"物之初",老聃答之。二人对话如下:

孔子曰："何谓邪?"曰:"心困焉而不能知,口辟焉而不能言。尝为汝议乎其将:至阴肃肃,至阳赫赫。肃肃出乎天,赫赫发乎地。两者交通成和而物生焉,或为之纪而莫见其形。消息满虚,一晦一明,日改月化,日有所为而莫见其功。生有所乎萌,死有所乎归,始终相反乎无端,而莫知乎其所穷。非是也,且孰为之宗!"

老聃答孔子何谓"物之初"无一"道"字,但句句言道。"心困焉而不能知,口辟焉而不能言",是说一切无心,故心似困顿而不能知晓;大道不言,故口似紧闭而不能申说。"将"是大概的意思。"议乎其将",就是谈一谈大概。老聃是从三个方面解释"物之初"的。

"至阴"指阴气,"至阳"指阳气。"肃肃"形容阴气寒冷,"赫赫"形容阳气炽热。寒冷的阴气出于天,炽热的阳气出于地,例如:雨雪自天而降,太阳从地平线上升起。故阴阳二气交汇融合,寒暑交替,风调雨顺,万物滋生繁茂。有个东西在支配着至阴至阳,但谁也没见过它是什么形状。

"消息满虚,一晦一明,日改月化",说的是客观世界的发展变化。万物的死生盛衰,昼夜交替,日迁月移,有个东西无时无处不有所作为,但谁也没见到它用功。

"生有所乎萌,死有所乎归,始终相反乎无端",具体解释"物之初"。万物生有来源、死有归宿,但始终、生死循环往复,既没有开端,也没有尽头。作为万物的来源和归宿,谁也不知道它何时穷尽。"非是也,且孰为之宗",是说作为万物的来源和归宿,它就是万物的老祖宗,除此而外谁也不配。

这万物的老祖宗,老聃称之为"物之初",就是虚无的大道。大道虽然"无为而无不为",无时不在,无所不在,大至"太极之先""六极之外",小到蝼蚁、稊稗、屎溺,生成天地万物并支配它们运行,但它自身是虚无的,故无形、无功、无穷,超乎时空。

第三次,孔子问老聃游心于虚无时的心境,老聃答之。二人对话如下：

孔子曰："请问游是。"老聃曰："夫得是至美至乐也。得至美而游乎至乐，谓之至人。"

"游是"，即"游心于物之初"，游心于虚无。在虚无的境界里，人万念俱消，心净如洗。"至美至乐"出自虚无。因为虚无之道本身是"至美"的，"至美"的当然是"至乐"的。人一旦虚心若镜，就超越了世俗从感官刺激上对美、乐的追求，而步入"至美至乐"的境界。《知北游》中说"圣人者，原天地之美"，又说"天地有大美而不言"，又说"德将为汝美"，可见道是美的，道所生的天地和人的自然天性也是美的。

"得是至美至乐也"，是庄子对虚无的心境所做的艺术描绘。"至美"如上述。"至乐"产生于"至美"。《天道》中有"天乐"，说"与天和者谓之天乐"，又说"知天乐者，其生也无行，其死也物化"。"天乐"即"至乐"，《庄子》中有一篇《至乐》，以"无为"为"至乐"。无为则无所忧虑、无所惧怕，就能使自己的心灵净如高山的清泉，涤荡一切污浊，映照出自然界的美好风光。

道的境界是"至美至乐"的境界，对道的追求，就是对"至美至乐"的追求。得道即得到了人生最美好的东西，实现了人生的最高目标，故云："得至美而游乎至乐，谓之至人。""至人"，即得到"至美至乐"的人。

第四次，孔子向老聃请教达到"至美至乐"的境界的方法，老聃教之。二人对话如下：

孔子曰："愿闻其方。"曰："草食之兽，不疾易薮；水生之虫，不疾易水。行小变而不失其大常也。喜怒哀乐不入于胸次。夫天下也者，万物之所一也。得其所一而同焉，则四支百体将为尘垢，而死生终始将为昼夜，而莫之能滑，而况得丧祸福之所介乎！弃隶者若弃泥涂，知身贵于隶也。贵在于我而不失于变。且万化而未始有极也，夫孰足以患心！已为道者解乎此。"

老聃先打比方说,吃草的动物不怕变换草泽,生在水中的虫子不怕变换水域。这是因为它们的生活环境虽有变化,但基本生活条件相同。同理,人所处的环境无论怎样变化,但万变不离大道。所以,人不能因客观变化而喜怒哀乐。他进而论证说,天下万物统一于道,得之便对万物一视同仁。以道观之,人的四肢百体无异于尘垢,死生终始无异于昼夜的变化,根本没有什么东西足以扰乱人心,更谈不上什么得失祸福。

"喜怒哀乐不入于胸次",就是"得至美而游乎至乐"的方法。有人或问,喜怒哀乐一概排斥,乐也不能入于胸次,怎么会"得至美而游乎至乐"呢?其实道理很简单,"至美"的道本是人生的最高精神境界,是一虚再虚而产生的。所以,"得至美而游乎至乐"的"乐",是在人的空灵纯净的心灵中自生的;而喜怒哀乐的"乐",是人的感官受外物刺激而产生的。

"弃隶者若弃泥涂,知身贵于隶也。""隶者",说者或解之为"仆隶",乃望文生义。上言万物齐一。人的形体和生命,皆源于大道而归于大道,"质本洁来还洁去",所以生死只是道的一个过程、一个环节。以道观之,天下万物都像沾在人身上的泥巴,务必弃绝。由此可证,"隶者"指一切身外之物。"身贵于隶",与上文"四支百体将为尘垢"并不矛盾。"四支百体将为尘垢",是从道与其所生的天地万物的关系说的,因为人也生于道而归于道。"身贵于隶",是从修道过程中人与外物的关系说的,因为人是修道的主体。这两点是修道必须把握的原则,对修道者不仅仅有方法论上的意义。

第五次,孔子以为老聃因"修心"而得道,老聃给他介绍"无为"之术。二人对话如下:

孔子曰:"夫子德配天地,而犹假至言以修心。古之君子,孰能脱焉!"老聃曰:"不然。夫水之于汋也,无为而才自然矣;至人之于德也,不修而物不能离焉。若天之自高,地之自厚,日月之自明,夫何修焉!"

孔子钦佩老聃德合天地,但误以为老聃还借助圣人之言修养心性。他因此认为,古代的君子,因其至人不能同日而语,故无一免于借助圣人之修养心性。

老聃见孔子仍不觉悟,就解释说:"至人之德即自然之道,本来就贯通万物,因而无须有意培养,万物本就离不开他。"其道理就像水一样,水的本性就是清澈的。"无为而才自然",是说水愈静止不动,愈能显示它清澈的自然本性。

老聃反复举例,说至人之德,"若天之自高,地之自厚,日月之自明",道理更明显了:至人之德就是"无为",一切出于自然、顺应自然,就像天之自然高、地之自然厚、日月之自然明一样,无须任何人为的修饰。

老聃把修道之术概括为"无为",即保持人的自然天性而不失之,就能得道;得道者就像出水的芙蓉,"天然去雕饰"。

孔子之所以误解老聃,可能是由于两人对"德"有不同理解。老聃所说的是"至人之德",即人的自然天性,是与生俱来的;而孔子所说的"德",是后天培养起来的,打着社会的烙印。

看来,如果你要打开道的大门,"无为"是唯一的一把钥匙。如何做到"无为"?老子有"日损"之法。《老子》第四十八章中说:"为道者日损,损之又损,以至于无为,无为而无不为也。""日损",即一天天地抛弃功名利禄等杂念,直到"虚心若镜",就得道了。

四、得道者的形象

庄子本人就是得道者,他把道推向无限的时空,又把道化为人生的最高境界。同时,他又以艺术的心态去观赏那虚无的大道,从道的无为自然中发现了"至美至乐"的光辉。他与道同游而俯视人间,以哲学家的睿智和艺术家的想象,塑造了一个个行道者形象,启迪世人的灵魂。

我们前面所举的踵悬百仞之渊的伯昏无人、无心而睡的啮缺、为令尹三起三落而不喜不忧的孙叔敖、年长而面色若处子的女偊等，都是得道者。下面，我们再举一些。

在《知北游》中，"知"是虚构的人物，他游历山川而访道问道。文中有下面这样一个故事：

> 知北游于玄水之上，登隐弅之丘，而适遭无为谓焉。知谓无为谓曰："予欲有问乎若：何思何虑则知道？何处何服则安道？何从何道则得道？"三问而无为谓不答也。非不答，不知答也。知不得问，反于白水之南，登狐阕之上，而睹狂屈焉。知以之言也问乎狂屈。狂屈曰："唉！予知之，将语若，中欲言而忘其所欲言。"知不得问，反于帝宫，见黄帝而问焉。黄帝曰："无思无虑始知道，无处无服始安道，无从无道始得道。"知问黄帝曰："我与若知之，彼与彼不知也，其孰是邪？"黄帝曰："彼无为谓真是也，狂屈似之，我与汝终不近也。"

"玄水"是虚设的水名。"隐弅"是虚设的地名。"无为谓"是虚设的人名。这故事以知三次问道为线索。第一次是知向北游历到玄水之旁，登上了隐弅之地的山丘，恰好遇上了无为谓。知向无为谓请教：怎样思考谋虑才能懂得道，怎样立身行事才能把握道，通过什么途径才能获得道。但他连问三次，无为谓一声不答。不是不答，是不知道要回答，道本不可言。

知不得其问，只好返回白水之南，登上狐阕山，在那里见到了狂屈。知就把以前问无为谓的问题，照搬出来问狂屈。狂屈答应了一声，说他知道知提出的问题，要给知讲一讲，但他话说到这里就中止了，想说而不能，因为他已把要说的话忘了个干干净净。知第二次仍不得其问。

万般无奈，知只好回到帝宫，向黄帝发问。这是他第三次问道，总算得到了明确的答复。黄帝告诉他说，不去思考谋虑才能懂得道，没有居处事业才能把握道，没有途径才能获得道。知听罢又问黄帝说，他自己跟黄帝懂得道了，无为谓和狂屈不懂得道，到底谁真正懂得道呢？黄帝开导知说，无为谓真正懂得道，狂屈跟无为谓相似，而他自己和知距离道还很遥远呢。因为就闻道来说，是"知者不言，言者不知"。

知三次问道，不知"无为谓"这个名字就是谜底。"无为谓"即谓无为。谁称得上无为呢？非道莫属。无为谓三问三不知，是道的化身。

《田子方》中的百里奚和虞舜，都是得道者。文中有论曰：

> 百里奚爵禄不入于心，故饭牛而牛肥，使秦穆公忘其贱，与之政也。有虞氏死生不入于心，故足以动人。

百里奚本是虞国人，在虞被秦灭后入秦，为人养牛，生活非常困难；但百里奚安于贫困，不想做官，只专心养牛，故牛肥。后来，秦穆公发现了他，用五只羊为他赎身，并委以重任。百里奚知恩便报，协助秦穆公励精图治，秦国很快就强盛起来，称霸诸侯。有好事者知道百里奚的身世，戏称之为"五羖大夫"。

有虞氏即舜，字重华，传说中我国古代的一个贤明的首领。据《孟子·万章》，舜多次遭后母陷害，但毫不介意，且以孝闻名，令人感动。尧以为舜有德，就妻之以二女，并把天下交给他。

臧丈人是《田子方》中的另一个得道者，文王授之以政，三年天下大治。故事情节如下：

> 文王观于臧，见一丈夫钓，而其钓莫钓。非持其钓有钓者也，常钓也。文王欲举而授之政，而恐大臣父兄之弗安也；欲终而释之，而不忍百姓之无天也。于是旦而属之大夫曰："昔者寡人梦见良人，黑色而髯，乘驳马而偏朱蹄，号曰：'寓而政于臧丈人，庶几乎民有瘳乎！'"诸大夫蹴然曰："先君王也。"文王曰："然则卜之。"诸大夫曰："先君之命，王其无它，又何卜焉。"遂迎臧丈人而

授之政。典法无更，偏令无出。三年，文王观于国，则列士坏植散群，长官者不成德。鍼斛不敢入于四竟。……文王于是焉以为大师，北面而问曰："政可以及天下乎？"臧丈人昧然而不应，泛然而辞，朝令而夜遁，终身无闻。

这故事情节曲折，臧丈人"钓莫钓"、文王假称梦受先君之命、臧丈人无为而天下大治、文王拜臧丈人为大师、"朝令而夜遁"，都给人留下深刻的印象。

文王即周文王，是中国古代著名的贤君。他在渭水附近叫臧的地方巡视时，见一老者在水边垂钓。那老者手把钓竿却非真心钓鱼的情景，让他感到老者非同凡人。得此印象，文王就有心授之以政，可又担心大臣和父兄不服；想就此罢休不用之，又不忍心让老百姓失望。经过反复掂量，文王想出了一个计策。他在早晨把诸大夫召集在一起说："我夜间梦见一君子，黑胡须，乘一匹杂色马，马蹄的一边呈红色。这君子向我发施号令，要我把行政大权托交给臧丈人，人民的苦难大概就可以解除了。"诸大夫一听大惊失色，齐声说那君子就是王季，恳请文王听先君令，不应有疑虑，更不必占卜问事。文王一计得逞，便把臧丈人迎入朝中，授之以政。

可这臧丈人执政，旧法不改，新令不出，令众人莫名其妙。三年之后，文王视察各地发现，列士之党头头垮台，同伙散了，做官的也不去追求什么功德了；外国的量器也没人敢带进来了，因为本国的量器已经取信于人。文王大喜，就拜臧丈人为太师，并要求向天下扩张。臧丈人发现文王有野心，先是一怔，随后漫不经心地拒绝了。文王早晨下的令，臧丈人当夜就逃得无影无踪。

据《史记》记载，周文王礼贤下士，在渭水旁访得姜子牙。姜子牙协助文王统一天下，根本没有夜间逃走的事。庄子把史实艺术化了。臧丈人是个"无为谓"的艺术形象，心无权欲，超世脱俗。

大道皇皇，充满天地之间。得道者不仅仅是人，还有日月星辰等。

《大宗师》中举了不少例子，兹摘录如下：

> 豨韦氏得之，以挈天地；伏戏氏得之，以袭气母；维斗得之，终古不忒；日月得之，终古不息；堪坏得之，以袭昆仑；冯夷得之，以游大川；肩吾得之，以处大山；黄帝得之，以登云天；颛顼得之，以处玄宫；禺强得之，立乎北极；西王母得之，坐乎少广，莫知其始，莫之其终；彭祖得之，上及有虞，下及五伯；傅说得之，以相武丁，奄有天下，乘东维、骑箕尾而比于列星。

上述十三个得道者所获得的超自然力量，无一不来自大道。豨韦氏，传说中远古的帝王，是他得道开辟了天地。伏戏氏即伏羲氏，传说为开创畜牧时代的帝王，是他得道调和了气母——阴阳二气，从而畜草生长。维斗就是北斗，得道居其中而众星拱之，运行无穷而不偏轨道。太阳、月亮得道，日夜运行永不停息。堪坏入昆仑山，得道为神。冯夷浴于河而溺，得道为神。肩吾得道，为泰山神。黄帝在首山采铜，在荆山铸鼎，得道后有龙接之，与臣妾七十二人乘云驾龙，登天成仙。颛顼，古代五帝之一，得道为北海神。西王母，传说为豹尾、虎齿而善啸，得道后常常坐在少广山上，颜容总像十六七岁的女子。舜时，她派佚者献玉环；汉武帝时，她献青桃。彭祖得道，从舜时一直活到春秋五霸时。傅说本是从事版筑的奴隶，得道后为殷高宗武丁之相，大治天下，死后升天化为一星。

看来，道真是"神鬼神帝"的。如果不得道，日月星辰就无法有规律地运行，神仙们也无异于凡夫俗子。

《庄子》一书，称得道者为"至德之人"或为"至人""圣人""神人""真人"，都具有理想化的人格。以道观之，神就是得道的人，神格与人格是相通的。

第三章 "齐物"价值观

——"和之以天倪"

对西方的古典哲学来说,物质和意识的关系问题是非常重要的。西方哲学家希望通过对这个问题的探讨,找到世界的本源,从而找到一把打开世界奥秘之门的钥匙,解决其他所有的一切哲学问题。从古希腊的柏拉图、亚里士多德到近代的康德、黑格尔、费尔巴哈等人,莫不如此。而中国的古典哲学则与此有别。大多数中国古典哲学家似乎不怎么十分重视探索世界的本源,从而也就不十分重视物质和意识的关系问题。比较而言,他们对事物的价值和意义更为关注,对天、地、人的关系问题特别感兴趣。所以,无论是儒家还是道家,或者是其他的哲学派别,大都想通过对天、地、人三者关系的探讨,以解决现实社会中的难题,帮助人们走出困境。在这一点上,可以说庄子是中国古典哲学家的一个杰出代表。庄子有着强烈的忧患意识。这种忧患意识,集中表现在他对生命的关切和挚爱,表现在他对"天地与我并生,而万物与我为一"的孜孜追求。

庄子认为,世间万物在价值上是相同的,不管其形态如何,都是自在自存的,所以要"和之以天倪"。"天倪"即自然分际。所谓"和之以天倪",庄子解释得最明白,即"是不是,然不然"。

一、大自然的绝响

在庄子看来,没有什么比大自然本身更为和谐完善的了。这一思想,在《齐物论》一文中表现得淋漓尽致。文章一开头,描写"南部子綦隐机而坐"，仰面缓缓地出气。其弟子颜成子游侍于前，看到他形如槁木、心如死灰的样子，跟从前的南郭子綦判若两人，大惑不解。这时南郭子綦解释说"今者吾丧我"，意思是"我已经不是从前的我了"。

南郭子綦"今者吾丧我"的解释，看似近乎荒诞，而实际上是形象地表达了他所进入的境界。"吾"和"我"在这里都指南郭子綦一人，所指对象没变，但是对象本身变了。"吾"是目前"隐机而坐"、仰面缓缓出气的南郭子綦，已经忘掉了世界上的一切，没有喜怒哀乐，不求升官发财，排除了外物的干扰，回到了自然状态。而"我"是从前的南郭子綦，大概是野心勃勃，奔走呼号，汲汲于功名利禄，一心务外。所以，在颜成子游眼里，南郭子綦前后判若两人。

接下来，南郭子綦问颜成子游是否听说过"天籁"，颜成子游说很想听一听。于是，南郭子綦说：

> 大块噫气，其名为风。是惟无作，作则万窍怒号，而独不闻之翏翏（长风声）乎？山林之畏佳（嵬崔），大木百围之窍穴，似鼻、似口、似耳、似枅（柱上方木）、似圈、似臼、似洼者、似污者。激者、謞（象声词）者、叱者、吸者、叫者、譹者、宎（深）者、咬者，前者唱于，而随者唱喁。泠风则小和，飘风则大和，厉风济（止）则众窍为虚，而独不见之调调之刁刁乎？

这一段文字，描绘出一幅风吹万物图。

"大块"，即大地。大地基本上由土块构成，故以"大块"谓之。大地噫气而出，其所出之气名为风，这是不明风为空气流动而对风的来源所做的一种不科学的解释。风不起则已，起则万窍怒号。这万窍怒号之音，是大自然的绝响。高山峻岭中有参天大树，大树上有白围之窍穴。这些窍穴形状各异，有的像鼻子一样高高隆起，有的像嘴一样张开，有的像耳朵一样翻卷，有的像柱上方木一样棱角分明，有的像畜圈一样大，有的像杵臼一样小，有的像洼坑，有的像污池，真是千姿百态！

万窍怒号,音响各异,有的像激流澎湃,有的像箭矢嗖嗖,有的像将军叱咤,有的像啜啜吸水,有的像呼叫,有的像哭号,有的像深幽之处,有的像咯咯咬啮。这千百种声音,此唱彼和,前后相应,合成一曲雄壮激越的交响乐。

颜成子游听到这里顿悟:"地籁则众窍是已,人籁则比竹是已。""籁"是箫管一类的吹奏乐器,比竹而成。至于什么是"天籁",颜成子游还是不得要领。南郭子綦进一步解释说:

夫吹万不同,而使其自己也。咸其自取,怒者其谁邪?

所谓"天籁",不是另有一物。所谓"天",即自然之别名、万物之总名。万窍怒号发各种声音,"厉风济(止)则众窍为虚",或吹或止,皆出自天然。万窍因形状不同而发出不同的声音所构成的乐曲,就是"天籁"之音。

南郭子綦关于"三籁"的描写和解释,隐喻人如果消除了心中的"我",心机就像箫管一样空虚。这时的"吾"从心底流出的是无心之言,就像众窍怒号一样皆出自天然。说到这里,我们再回想一下南郭子綦"丧我"时的神情状态,"三籁"的关系就非常清楚了。

"三籁"统一于一个"虚"字。人籁、地籁和天籁的和谐,关键是消除成见而进入"丧我"的境界。只要心底纯净无私,那么,人从口中说出的话和万窍发出的声音,就没有什么不同了。

通过南郭子綦的描述,庄子告诉人们,人要实现与天地的和谐,就要像箫管之类的乐器那样空虚其心,就要做到"丧我",而去参加大自然的"交响乐团"。

人一旦返归自然,其心态就会呈现出一种自然和谐之美;而人只有在与自然界和社会的完善和谐之中,才能获得真正的自由,达到天人合德的境界。

二、"终身役役"的悲哀

自然界本身是和谐的，人类社会却发出了不和谐的音响。《齐物论》中对此有精彩的描写：

> 大知闲闲，小知间间。大言炎炎，小言詹詹。其寐也魂交，其觉也形开。与接为构，日以心斗。缦者，窖者，密者，小恐惴惴，大恐缦缦。

自以为有大智者总是摆出一副漫不经心的样子，盛气凌人；耍小聪明的人则到处钻空子，鬼鬼祟祟。有的人高谈阔论，装腔作势；有的人花言巧语，喋喋不休。这些人，日夜焦躁不安，殚精竭虑，睡觉时常常因做噩梦而惊醒，吓得一身冷汗；起来后惶惶然不可终日，累累若丧家之犬。更严重的是，这些人表面上彬彬有礼、彼此尊敬，实际上心里无时不在算计对方。他们或者狼狈为奸，或者互设陷阱，整日生活在恐惧之中。这些人进入了一种近乎癫狂的精神状态而不可自拔，时而洋洋自得、喜形于色，时而气急败坏、暴跳如雷。

喜怒无常的情绪左右着这些人，他们各怀己见，丧失了自然的人生。"近死之心，莫使复阳也"，他们都走到无可救药的地步了！

说者或以为庄子在这里影射了战国时的百家争鸣，我们姑且不论。单就一些御用文人学者的嘴脸来说，这倒是有着深刻的讽刺意味。他们写文章或发议论，不是攻击污蔑对手，就是吹牛皮说大话；不是自我吹捧骗人，就是给主子脸上贴金。有人得志，他们就跑去溜须拍马；有人倒霉，他们就赶去落井下石。用庄子的话来说，这些人虽然"百骸、九窍、六脏存焉"，但是其"真宰"早已荡然无存了。

这些人心性已乱，是社会中最不安定的因素。所以，维护社会秩序，那些哈巴狗式的看风使舵的人是应该首先打击的对象之一。

庄子认为，人一旦沉溺于世俗，就会汲汲于功名利禄而不能自拔。他对此颇有感慨地说：

一受其成形，不亡以待尽，与物相刃相靡。其行尽如驰，而莫之能止，不亦悲乎！终身役役，而不见其成功。苶然疲役，而不知其所归，可不哀邪！人谓之不死，奚益！

这是庄子从内心发出的警世之言。

大凡世俗之人，多终生以得物为喜，为谋财而忧；为了追逐财富，整日东奔西走，苦心经营。有的巧取豪夺，敲诈勒索别人；有的上山当了强盗，打家劫舍；有的出去行窃，偷鸡摸狗。总之，只要能弄到财物，什么卑鄙无耻的事都干得出来。例如，宋国的曹商，为宋王出使秦国，适逢秦王长了一身疥疮，悬赏求医；他一看机会来了，就下贱地为秦王舔痔，得车百乘，回国后还恬不知耻地向人炫耀。更有见财眼开而以身家性命为赌注者，其例不胜枚举。

人创造财富的直接目的，是为了生活下去。所以，人和物质财富的关系非常清楚，人既是物质财富的创造者，也是物质财富的支配者。按理说，随着生产技术的发展和社会的进步，人们创造的物质财富越多，对物质财富的支配控制能力越大。但实际情况则恰恰相反，社会创造积累的大部分财富被一小撮人掠夺去了。这一小撮人凭借所控制的财富同时也控制了国家机器，对民众进行更疯狂的掠夺。在奴隶制度、封建制度和资本主义制度下，莫不如此。

表面看来，在私有制社会里，一小撮权贵是物质财富的所有者和支配者。而实际上，他们自己也是他们所控制支配的物质财富的奴隶。他们生活中的一切乃至生命，都维系在物质财富上。他们贪得无厌，欲壑难平，终日"与物相刃相靡"，一直到爬进坟墓。这正如庄子所说："其行尽如驰，而莫之能止，不亦悲乎！"人生如白驹过隙，时光一去不复返，有谁能留得住呢！

三、关于价值标准

人们对客观事物进行评判，当然也要做自我评判，这都要有一根标尺。这根标尺因为每个人的价值观不同而刻度不同,因而人们对同一事物就可能做出不同的评价。

庄子有着强烈的忧患意识,要唤醒人间那些迷途的人们,即那些追逐名利不知所归的人们。可是,利欲熏心的人是难以自拔的,他们对庄子的警世之言听而不闻。这不能不令人痛心疾首。庄子无奈,只好从认知上去启发那些执迷不悟的人。他首先指出,在人生旅途上迷失方向是"成心"作怪。

所谓"成心",就是人在认识客观事物之前已有的成见,实际上就是头脑中已经形成的观念。"成心"是主观的,所以人皆有之。以主观的成见去评判客观事物,当然难以成为客观标准。可事实上,人们多是以自己的主观成见作为客观标准去评判一切事物。例如《逍遥游》中,蓬蒿中的虫鸟们对大鹏凌空直上九万里而徙于南冥的壮举迷惑不解,就是因为它们以在封闭的环境中产生的"成心"作为评判大鹏高飞远举的标准,从而得出了一个荒唐的结论。所以,怀有偏见去认识事物和评价事物,是非常可悲的。

但更可悲的是以自己的"成心"推测他人,例如惠子相梁。庄子以老朋友的身份去看惠子,可是有小人挑拨离间,告诉惠子说庄子要来谋梁国的相位。惠子闻听此言后惊恐万状,就在梁国搜捕庄子三天三夜。可在庄子看来,居于相位就像口里衔着一只腐烂的老鼠一样恶心。所以,楚王派两个大夫到濮水之滨去请庄子入朝为相,他根本不屑一顾,以不愿做庙堂之龟而坚辞不就。此所谓以小人之心度君子之腹者也。

还有的人把自己的"成心"乔装打扮一番,然后强加于人。社会纷乱不安,是是非非本是他们挑起的,这不难理解。问题是他们把个人的"成心"借助某种力量合法化,幻想以此手段去平息动乱、安定人心。这样做,实在无异于以火灭火、以水止水。

庄子说:"夫随其成心而师之,谁独且无师乎!"意思是说,人都有

"成心",因为主观条件各异,对客观事物的价值评判标准也就不尽相同。恰恰因为"成心"是主观上的固有观念,是人们因出身环境、文化修养等条件不同而形成的观念,所以不能用一个人的"成心"去统一别人的"成心",或者把一个人的"成心"强加给一个社会。

庄子认为"夫言非吹也",意思是人的语言与万窍怒号是不相同的。语言是表达思想的,即表达人们对客观事物的主观认识,而万窍是无心自鸣。前者出于"成心",后者出自天然。实际上,人们谈话也好,写文章也好,对语言符号所代表的意义都要做出选择。人们在使用语言中的个人性和功利性,常常寓于词汇和语法结构之中。这样一来,就导致了语言上的歧义。特别是汉语,大量的同音词和多义词,不同的语法分析和句读,常常导致人们对同一语言单位做出不同的理解和争论。这样的例子是不胜枚举的。

人们利用语言的歧义进行的争论,是无聊的,是毫无意义的。庄子把这种争论比喻为叽叽喳喳的鸟叫。他就此而议论说:

道恶乎隐而有真伪?言恶乎隐而有是非?道恶乎往而不存?言恶乎存而不可?道隐于小成,言隐于荣华。

这里,庄子首先指出了真伪、是非产生的原因。真伪的产生,原因是"道"被某种东西遮蔽了;是非的产生,是语言被某种东西遮蔽了。"道"和语言都是客观存在的东西,现在都不见了。

"道隐于小成,言隐于荣华",一下子揭开了真相。"小成"是对事物某一方面的认识。有"小成"之见,人们对事物的认识只能是片面的、局部的,就像盲人摸象,对于所接触的对象以外的事物一无所知,因而也就无法理解事物的真相。至于语言,本来是社会约定俗成的产物,名实相符应该是不成问题的。但是,别有用心的人把语言作为狡辩的工具,文过饰非,造成语言污染。

怎样清除认识的障碍呢?庄子认为"莫若以明"。所谓"明",就是《应帝王》中所讲的"用心若镜"。镜子不迎不送,真实地反映出对象,没有任何成见。就认识的主体来说,"明"就是排除一切成见去观照所认识的对象,如实地反映对象的本然。

至于"莫若以明"的根据,庄子有下面一段论述:

> 物无非彼,物无非是。自彼则不见,自是则知之。故曰:彼出于是,是亦因彼。彼是,方生之说也。虽然,方生方死,方死方生。方可方不可,方不可方可。因是因非,因非因是。是以圣人不由,而照之于天,亦因是也。是亦彼也,彼亦是也。彼亦一是非,此亦一是非。果且有彼是乎哉?果且无彼是乎哉?彼是莫得其偶,谓之道枢。枢始得其环中,以应无穷。是亦一无穷,非亦一无穷也。故曰:"莫若以明。"

这段话的中心思想是,在认识过程中不要停留在主观价值评判层次上做简单的肯定或否定,因为世界上的任何事物都是相互对待的。所以,人们在评判客观事物所采用的任何主观价值标准,都具有相对性和局限性。

"物无非彼,物无非是。自彼则不见,自是则知之",讲的是客观事物因相互对立而有了"彼"和"此"之分。所以,人们在认识客观事物时只看到一个方面是不行的。另一方面,客观事物又是相互依存的。所谓"彼出于是,是亦因彼",揭示的就是这种关系。客观事物彼此对待和依存,导致了双方互相转化。"方生方死,方死方生",说明事物无时不在发展变化。唯其如此,对发展中的事物进行判断就不能采取一个固定的标准,不能犯刻舟求剑的错误。"方可方不可,方不可方可",说明人对发展中的客观事物做出的任何判断,都落后于客观事物的已然情况。所以,"因是因非,因非因是",每个人由于认识角度和价值标准不同,得出的结论也就不同。这就是圣人不去做简单的肯定或否定而"照之于天"的原因。

"天"是什么?"天"是"自然"的同义语。每个人所持价值标准不同,因而在此问题上是非无定、争执不休。这一点,得道的圣人是非常清楚的,因而任其自然。独立于人的主观认识之外的客观事物,不管你去做任何评价,都不会因之而变。"照之于天",是不带任何"成心"而偏执一端,即不带任何偏见而分辨什么是是非非,从而以明澈之心照见客观事物真相。

庄子认为,彼此之对待,只是人们所站的角度不同。认识的角度发生变化,彼此的对待关系也就随之发生变化。至于从彼此的对待关系引出的是非,并非来自客观事物本身,而是来自人们的主观成见。

"彼是莫得其偶,谓之道枢",意思是说不强于分彼此,则是非两化,就叫作"道枢"。道之枢要在心,就如游环中,不管有多少是是非非,我都不会为其所役。换言之,彼此两忘,是非双遣,是得环中之道,万物任其自然。

庄子认为,"天地一指也,万物一马也",整个世界本来是不可分割的。所以,彼此之分以及是非之争,完全是人的"成心"在作怪。至于以"成心"为价值标准去评判是非,更是毫无意义的。

四、"万物与我为一"

"万物与我为一",是庄子价值观的最简明的概括。万物尽管形态各异,但在价值上是等齐的。

一切客观事物,就其本身来说,无所谓"可"与"不可",无所谓"然"与"不然"。只要其存在,就有其合理性,至于"可"与"不可"或者"然"与"不然",是人们主观上的价值命名。所以,人们在价值观念上发生的冲突,并不影响客观事物本身。庄子论证说:

> 故为是举莛(茎)与楹(屋柱),厉与西施,恢恑憰怪,道通为一。其分也,成也;其成也,毁也。凡物无成与毁,复通为一。

这段话的意思是说,所谓的大小、美丑,以及宽大、诡奇、狡诈、怪异之分,从道的观点来看,都是不存在的。此分彼成,此成彼毁,从道的观点来看,"成"与"毁"根本无别。

　　"道通为一"，是对客观世界的整体性的认识。而就"道"而言，本来就是独一无二的，"生天生地""神鬼神帝"，所以得道又叫作"见独"。从认识的发展规律来说，是从具体到抽象，从浑沦到分析。人对客观世界的多样性的认识，是一步步发展起来的。

　　这无所不在、无时不在的"道"，为什么在现实中被遮蔽了呢？庄子分析说：

　　　　古之人，其知有所至矣。恶乎至，有以为未始有物者，至矣尽矣，不可以加矣。其次以为有物矣，而未始有封也。其次以为有封焉，而未始有是非也。是非之彰也，道之所以亏也。

　　据此，庄子把古人对世界的演进过程的认识分为四个层次：最初，世界是一个完整的世界；随后，成为一个"有物"的世界；再随后，成为一个彼此对立的世界；最后，进入一个是此非彼的世界。

　　在庄子看来，世界本来是完整的，只是由于人们的错觉，才把一个完整的世界切割成无数的小块，即所谓"有封"。"封"本是封土为界，庄子用它来比喻人在主观意识中构筑的屏障。这些屏障封锁了人们的心灵，就像井蛙观天，不可能了解整个世界的真相。由于认识上的局限性，人们便对同一事物的评判有了不同的意见，是此非彼，斤斤计较，争吵不休。于是，人与人之间从思想上到观念上的对立加剧了。在这种情况下，人们不再真正关心世界真相，而是集中精力去跟别人争辩，强词夺理，拉帮结伙，形成了不同的宗派、学派，在人际关系中划出了一道道鸿沟。

　　为了帮助人们开放封闭的心灵、打开精神上的枷锁，庄子发出如下无心之言：

　　　　有始也者，有未始有始也者，有未始有夫未始有始也者。有有也者。有无也者，有未始有无也者，有未始有夫未始有无也者。

　　归根结底，"无"为终极之始。但这个"无"是相对的，可以无穷上溯。在这里，我们不能不佩服庄子对宇宙无限性的深刻认识。在无限的时空系统中："天下莫大于秋毫之末，而大（泰）山为小；莫寿于殇（少亡）子，而彭祖为夭。"这样的对比，显示出在有限的时空中存在的差别，到无限的时空中就微乎其微了，只有相对性而没有质的差别。同理，在有限的时空中人似乎很渺小，而到无限的时空中就跟天一样高、跟地一样大了。这用庄子自己的话来说，就是"天地与我并生，而大道与我为一"。

说到这里，庄子作《齐物论》一文的目的就非常清楚了。"齐物论"的含义有两层：一是"齐物"，从道的观点来看，万物的本体是一个，所以万物在价值上是等齐的，尽管其形态各异；二是"齐物论"，因为万物在价值上是等齐的，所以形形色色的"物论"，即人们主观上的价值标准也应该是等齐的。因此，人们通过由"小我"到"大我"、再由"大我"到"无我"的修道途径，就能实现个人与社会的和谐，实现人与天地的和谐，即人与自然的和谐。

第四章 "无为"君德论

——去私正己而归天道

庄子生活在群雄并起的战国时代,处在"昏上乱相"之间,他看到的昏君实在太多了。例如《说剑》中的赵文王,"剑士夹门而客三千余人,日夜相击于前,死伤者岁百余人",专门从剑客互相残杀的刀光血影中取乐。尤其是各国君主们为争做霸主,驱使人民长年累月地进行战争,以致出现了"千里无鸡鸣,生民百遗一"的惨景。庄子为此痛心疾首,可他自己仅是一介布衣,为官仅至漆园小吏,根本无力救民于水火。然而,庄子是个大彻大悟的智者,他怀着忧国忧民之心,把君主看作是祸害的根源之一,提出了以"无为"为核心的君德理论。

庄子以"无为"为核心的君德理论,正面提出了"去私"和"正己"两个原则,从反面对无德昏君进行揭露批判,以天道为君德的归宿。

一、"顺物自然而无容私"

庄子认为,天地自然的发展变化,有其自身的发展规律,而自然发展规律和社会发展规律是一致的。所以,君主治国,就要按天地自然的发展规律办事。《天地》中论述说:

> 天地虽大,其化均也;万物虽多,其治一也;人卒虽众,其主君也。君原于德而成于天。故曰:玄古之君天下,无为也,天德而已矣。

"均"即天均,这里指一种支配天地变化的力量。

"一"指道,道为天地万物的创造者和主宰者。天地由天均支配而变化,万物由道主宰,民众由君主统治。这里,庄子把天均、道、君主三者并举,把天地、万物、人卒并举,意思是天人合德,自然和人事同理。"君原于德而成于天",是说为君要以德为本,成事于自然;反之,无德则无为君之本,不效法自然则不成事。治天下,出于"无为"而顺应自然就是了。

"无为",在庄子的思想体系里,是个非常重要的概念,应用相当广泛。在上面的引文里,庄子用"天德"解释了它。这里的所谓"天德",相当于我们今天说的自然规律。以"无为"为核心的君德,就是效法自然、顺应民众的自然天性。

君主要与天合德,就要法"玄古",行无为之治,静心修养达到无为的境界。而进入这一境界,首先要去掉私心。在《应帝王》中,天根向无名人问治天下之术:

> 天根游于殷阳,至蓼水之上,适遭无名人而问焉,曰:"请问为天下。"无名人曰:"去!汝鄙人也,何问之不豫也!予方将与造物者为人,厌则又乘夫莽眇之鸟,以出六极之外,而游无何有之乡,以处圹埌之野。汝又何帛以治天下感予之心为?"又复问,无名人曰:"汝游心于淡,合气于漠,顺物自然而无容私焉,而天下治矣。"

天根和无名人,都是庄子虚拟的人名。天根第一次向无名人请教治天下之术,无名人斥之为"鄙人",说其所问的事情着实令他讨厌,破坏了他的好情绪。无名人说他自己与造物者为人,厌则心神翱翔在缥缈的世界里。"莽眇之鸟"是虚构的。"无何有之乡""圹埌之野",都是虚拟的空旷虚无的地方。天根第二次发问,无名人不得已而答之,只说了一句"游心于淡,合气于漠,顺物自然而无容私焉,而天下治矣"。这句话中的"淡""漠"二词,庄子在谈养生时常常使用。这里是要君主去其贪心,收敛乃至打消那种疯狂的占有欲和支配欲。例如,我们前面提到的《说剑》中的赵文君,其纵欲的结果是产生了一种变态心理。这句话的大意是,心虚平和,恬淡寂寞,顺其自然而不夹杂私心成见，天下就自然而然大治了。

关于"顺物自然而无容私"的思想，庄子在《则阳》中做了进一步阐述。他说：

> 四时殊气，天不赐，故岁成；五官殊职，君不私，故国治。

"四时"，指春夏秋冬四季。"五官"，本为司徒、司马、司空、司士、司寇，这里指百官群臣。这句话先言天理：春夏秋冬四季，暑去寒来，依次更替，天不偏赐某一季节而造成阴阳失调，一年四季的气候就正常，风调雨顺。次言人事：百官群臣各司其职，君主公平处事而不偏私，国家机器就正常运转，从而国家大治。这里，庄子将主宰四时的天与主宰五官的君相提并论，以天理喻人事，说明群主的私心为治国的大害，故不能不去之。

二、"正而后行"

君主是国家的最高统治者，好以"天子"自居。然而，"天子"多不具天德，实际上是集权和专制的"魔王"。君主专制国家的法律制度，往往是出于君主之私意，美其名曰"天网"。庄子认为，君主呈一己之私意，又挂上法律制度的幌子，是不道德的行为。为此，他在《应帝王》中提出"正而后行"的主张，即要君主以身作则，端正自己的行为，然后去感化别人。他讲了这样一个故事：

> 肩吾见狂接舆。狂接舆曰："日中始何以语女？"肩吾曰："告我君人者以己出经式义度，人孰敢不听而化诸！"狂接舆曰："是欺德也。其于治天下也，犹涉海凿河而使蚊负山也。夫圣人之治也，治外乎？正而后行，确乎能其事者而已矣。且鸟高飞以避矰弋之害，鼷鼠深穴乎神丘之下以避熏凿之患，而曾二虫之无知！"

在这个故事中，"日中始"也是一个虚构的人名，他告诉肩吾，治天下的君主，要根据自己的意志制定并推行法律制度，人民只能乖乖地顺从并接受教化。肩吾听了很得意，就跑去告诉狂接舆。狂接舆听罢非常反感,斥责"以己出经式义度"是"欺德",即虚伪之德,有悖于天德和人道。他打比方说,君主根据自己的意志制定推行法律制度,就像渡过大海、开凿江河,或者像蚊子背负大山一样,是万万不可能的。在庄子的时代,限于人们当时的生产能力,漂洋过海或开凿运河,还是不可想象的事情。他进而指出,圣人治理天下,不是以法律制度绳之于人、把枷锁套在别人头上,而在于自身的修养,以身作则。至于民众,他们能干什么就干什么,想干什么就干什么,各行其是就是了。他打比方说,连鸟都知道飞得高高的,以避开弓箭的伤害;连老鼠都知道打洞到社坛下藏身,以避开烟熏和挖掘。同理,人们逃避法律制度制裁的办法,肯定比鸟和老鼠高明得多了。

"以己出经式义度",可谓一语刺中了君主专制制度下法律制度的虚伪性。君主专制,权力高度集中在一个人手里,必然导致独裁政治。所以,君主是专制独裁者,是统治阶级意志的代表,法律制度任由君主制定。这样,国家的法律制度和君主的个人意志之间就存在着一个等号。所谓"合法",就是符合君主的个人意志;所谓"守法",就是遵从君主的个人意志。

"人孰敢不听而化诸",揭露了君主的个人意志是怎样在"经式义度"的幌子下强加给人民的。因此,庄子借狂接舆之口,愤怒地斥责君主独裁政治为"欺德"。他从夏桀、殷纣等无道暴君身上,看到了一条历史规律,即为人君者如果一意孤行,其下场就会如同背负大山的蚊子一样,粉身碎骨,死无葬身之地。

在揭露了君主专制制度下的法律制度的虚伪性和专制君主们的独裁者嘴脸以后,庄子才提出了"正而后行"的主张,要求君主治天下必须端正自己的行为,进而再以自己的行为去影响和感化别人。庄子的这一主张和孔子在《论语》中说的"政者,正也,子率以正,孰敢不正",在政治思想上有些一致。但是,这两个人的"正"的含义不同:孔子的"正",是要求合乎礼仪制度,具体要求为政者做什么、不做什么;

庄子的"正",是"无为",要求不去干涉别人的行为和活动,即为政者什么也不做。而且,孔子不否定"政",即不否定法律制度;庄子则彻底予以否定,因为他看到了在君主专制的社会条件下,法律制度就是专制君主的个人意志。也正因为庄子对君主专制制度的本质有着比较深刻的认识,因而他比孔子更富有批判精神。他公开要求专制统治者放弃独裁政策,还给人民自由。

三、无德的卫灵公

在专制君主身上,独裁和荒淫往往是一对双生子。独裁者寡廉鲜耻,欲壑难平。无道的卫灵公,其丑行令人作呕。《则阳》篇中记载:

> 仲尼问于大史大弢、伯常骞、狶韦曰:"夫卫灵公饮酒湛乐,不听国家之政;田猎毕弋,不应诸侯之际。其所以为灵公者何邪?"大弢曰:"是因是也。"伯常骞曰:"夫灵公有妻三人,同滥而浴。史鳅奉御而进所,搏币而扶翼。其慢若彼之甚也,见贤人若此其肃也,是其所以为灵公也。"狶韦曰:"夫灵公也,死,卜葬于故墓,不吉;卜葬于沙丘而吉。掘之数仞,得石椁焉,洗而视之,有铭焉,曰:'不冯其子,灵公夺而里之。'夫灵公之为灵也久矣!之二人,何足以识之!"

孔子曾游于卫国,受到卫灵公的优待。他看到卫灵公饮酒湛乐,打猎游玩,内不理朝政,外不接诸侯,醉生梦死却被称为"灵公",大惑不解,就向大弢、伯常骞、狶韦三位太史求教。三位太史的解释,从不同的侧面揭露了卫灵公的无道。大弢说:"是因是也。""因是"的"是",指代孔子对卫灵公的描绘。"是因是",意思是原因即如你所说。大弢认为,卫灵公不理国事,沉湎于声色狗马之中,醉生梦死,因而被称为灵公。伯常骞说,卫灵公和他的三个妻子在一个浴盆中洗澡,轻慢无礼。但当史鳅捧着御用品进卫灵公的住所时,卫灵公则亲手接过币帛,并亲手扶着史鳅,热情欢迎以示关怀。狶韦说,灵公死后占卜,占卜的结果是葬在生前选定的墓穴中不吉利,葬在沙丘下就吉利了。于是,人们就在沙丘下为灵公挖墓,掘到数仞之下,发现了一具石制的棺椁。人们洗净了棺椁上的沙土,发现上面的铭文。铭文是"不冯其子,灵公夺而里之",其大意是责备子孙不足依靠,不能保守祖坟,终将被灵公夺去。猰韦据此断言,灵公被称为"灵",由来已久了,大弢和伯常骞的说法不足为据。

三太史就卫灵公之所以称"灵"的说法,都是从一个侧面揭露了卫君的无道。卫灵公生前寡廉鲜耻,过着糜烂腐朽的生活,纵欲无度,还装出一副彬彬有礼的样子,滑稽可笑。石椁上的铭文,反映了卫灵公嗜夺成性,死后还要夺取别人的坟地和棺椁,因此人们都盼着他快快死去。就卫灵公来说,哪里有一点君德可言呢!

卫灵公非但有过不改,而且极力掩饰,自欺欺人。这种做法,为所有的专制君主所惯用。他们贪天功为己有,把自己的过失造成的恶果归咎于别人。庄子举出古代的君主与之对照。在《则阳》中,老聃的门徒柏矩学在齐国见到辜人,即受裂尸酷刑的人,曾感慨地说:

> 古之君人者,以得为在民,以失为在己;以正为在民,以枉为在己。故一形有失其形者,退而自责。今则不然,匿为物而愚不识,大为难而罪不敢,重为任而罚不胜,远其涂而诛不至。

柏矩学的意思是说,古代的君主,把功劳归于民众,把过失归于自己;又以为真理在民众手里,错误出在自己身上。所以,一旦发现自己施刑有所不当,就退而自责。而今天的君主恰恰相反,他们把事情的真相掩盖起来,以愚弄那些不知实情的人。他们甚至故意制造困难,以借口治罪感到畏难的人;故意加重负担,以借口处罚不胜其任的人;故意规定走很远的路程,以借口诛杀赶不到的人。

"匿为物而愚不识",就是愚民政策。孔子曾说:"民可使由之,不可使知之。"愚民政策是维护君主专制制度的法宝之一。中国古代的君主专制制度延续了两千多年之久,其原因之一就是推行愚民政策的成功。在君主专制制度下,尽管愚民政策花样繁多,但有两个基本特点一直没变。一个是剥夺人受教育的权力,统治者对文化实行垄断。另一个是向人灌输封建迷信思想,神化专制君主的形象,以培养人对专制君主绝对服从的奴隶意识。愚民政策的推行,造就了千千万万任人宰割的"顺民",消磨了人对黑暗现实的不满和反抗,从而使君主专制制度的社会基础稳定下来。

"大为难而罪不敢,重为任而罚不胜,远其涂而诛不至",是推行专制政治的必然结果。像卫灵公那样荒淫无道的君主,无休止地追求声色犬马、花天酒地,必然要横征暴敛,置民于水火之中,以强化国家机器维护自己的统治地位,掠夺天下之珍宝美色为己有。在《人间世》中,颜回看到卫国发生了危机,他对孔子描绘说:

> 回闻卫君,其年壮,其行独,轻用其国而不见其过。轻用民死,死者以国量,乎泽若蕉,民其无如矣。

这个卫君,也是一个专横跋扈的独裁者,孔子径称之为"暴人"。卫君杀人如麻,死的人以区域进行计算。"乎泽若蕉","乎"通"掉",坼裂。"蕉"通"焦"。这句话是说,卫君把人杀死了,天灾人祸并至,田泽龟裂成了焦土一片。"民其无如矣",是说卫国幸存的老百姓身陷于水深火热之中,正坐以待毙,已经无路可走了。

四、得天道而为天子

呈一己之私,独裁专制,暴戾贪婪,醉生梦死,不问政事,当然都不合君德了。但是,庄子的君德以"无为"为核心,因而凡属"有为",即使圣智明察、天赋过人,也不配做天子。在《天地》篇中,庄子借许由之口,阐述了这一思想:

> 尧之师曰许由,许由之师曰啮缺,啮缺之师曰王倪,王倪之师曰被衣。尧问于许由曰:"啮缺可以配天乎?吾藉王倪以要之。"
> 许由曰:"殆哉,圾乎天下!啮缺之为人也,聪明睿知,给数以敏,

其性过人，而又乃以人受天。彼审乎禁过，而不知过之所由生。与之配天乎？彼且乘人而无天。方且本身而异形，方且尊知而火驰，方且为绪使，方且为物絯，方且四顾而物应，方且应众宜，方且与物化而未始有恒。夫何足以配天乎！"

尧、许由、啮缺、王倪、被衣五人，依次后者为前者之师。尧所处的层次最低，他问许由啮缺能不能做天子，并说要劳驾王倪去请他。许由一听要让啮缺做天子，就惊呼天下危险了。他分析啮缺的为人：聪明睿智，机灵敏捷，天赋超群，而且能把个人的智慧运用于自然，精审于制止别人犯错误，却不知道错误产生的根源。他慨叹尧竟然想让啮缺这样的人做天子。他进一步分析啮缺的为人：凭借个人的智慧而无视天道，以自己为标准而要求别人，尊崇心智而急于运用，为琐事所纠缠，为外物所束缚，目光四顾而不离万物，曲意迎合众人所好，虽然能随物变化，但心中未曾立起无为的天道。因此，许由认为，啮缺万万不能做天子。

如果按照传统的观点，就啮缺的个人素质来说，他聪明睿智，机灵敏捷，天赋条件几乎可无挑剔。但以"无为"作标准去衡量，啮缺治外而不治内，无视天道而拘于物，逞能使才，处处表现自己的智慧，与天道格格不入，因而不配做天子。

"天道"，庄子也叫"天德"。天道无为，君德与天道一致，顺应天道则符合君德。何谓天道？庄子在《在宥》篇中解释说："无为而尊者，天道也。"明白什么是天道，君德也就"思过半"了。庄子专作《天道》一文，其中有一段详论君德的文字：

夫帝王之德，以天地为宗，以道德为主，以无为为常。无为也，则用天下而有余；有为也，则为天下用而不足。

帝王即君主，帝王之德即君德。君德的完整形式，是以天地为根本，以道德为主，以无为为常法，天地、道德均表现出无为的根本特性，因而无为是君德的核心。无为则万物自然成长，天下归服而受用不尽,因而有余;有为则忙忙碌碌,疲于奔命,因而不足。

在庄子看来,得天道才能为天子。得道与否以无为作为标准来衡量。《在宥》篇中论述说:

> 故君子不得已而临莅天下,莫若无为。无为也,而后安其性命之情。故贵以身于为天下,则可以托天下;爱以身于为天下,则可以寄天下。故君子苟能无解其五藏,无擢其聪明,尸居而龙见,渊默而雷声,神动而天随,从容无为而万物炊累焉。吾又何暇治天下哉!

"临莅天下",即就天子之位,庄子认为是不得已的事情。如果不得已而为之,没有什么比"无为"更值得重视了。做到"无为",然后才会心性安定。只有珍重爱护自身甚于天下的人,才能把天下交给他。"解其五藏","藏"通"脏","五藏"指代"五性"。君子如果不放纵性情,不炫耀聪明,身寂然不动而实如龙一般活现,深沉不语实而如雷声一般震动,动如神灵而顺从自然,从容无为而万物如风吹尘土一样自然运动,那么,就无须去治天下了。

既然无为才能为天子,那么,自然要"无为而治"了。由此可见,无为既是君德,又是治天下之术。无为而治,就是不要有心去统治天下,一任天下百姓之自然,人人心性安定,不去互相侵犯,天下自然太平。

庄子非常赞赏"古之圣王",认为他们具备君德,从而使天下大治。在《应帝王》篇中,蒲衣四子介绍了"古之圣王"所达到的境界:

> 啮缺问于王倪,四问而四不知。啮缺因跃而大喜,行以告蒲衣子。蒲衣子曰:"而乃今知之乎?有虞氏不及泰氏。有虞氏其犹藏仁以要人,亦得人矣,而未始出于非人。泰氏其卧徐徐,其觉于于。一以己为马,一以己为牛。其知情信,其德甚真,而未始入于非人。"

王倪是啮缺的老师,啮缺问了他四次,他均不知道如何作答。啮缺于是高兴地跳了起来,赶忙跑去告诉蒲衣子。蒲衣子见啮缺领悟了妙道,就告诉他说,就修道所达的境界来说,有虞氏比不上泰氏。有虞氏指舜,泰氏指伏羲氏。蒲衣子分析说,有虞氏还要心怀仁义,以笼络人心,虽也达到了目的,但未曾摆脱外物的牵累。泰氏就不同了,他卧时安然自得,醒时愚昧无知,不知道自己是牛还是马,与物俱化而不分彼此。他的心智确实诚信,品德非常纯真,而且未曾陷入外物的牵累。

王倪"四问而四不知"的状态,近乎泰氏"其卧徐徐,其觉于于"的境界,也就是《齐物论》中南郭子綦"仰天而嘘,嗒焉似丧其耦"的境界。"丧其耦",即通过修道舍弃了故我,抛开了功名、地位、爵禄、得失等身外之物,精神升华而与大道同体。啮缺见王倪什么也不知道,便领悟到圣人以无知为有知的妙道。泰氏"一以己为马,一以己为牛",精神与道同步,进入得道的境界,在主观上已经不存在物我的界限了。

庄子鼓吹的无为君德论,实在是令那些专制君主们无法接受的。因为按照庄子的理论去办,就等于取消了君主的一切权利。一切都顺应老百姓的意志,还要君主做什么! 庄子鼓吹无为君德论的真正用意,恐怕就在这里。在《山木》篇中,市南宜僚规劝鲁侯说:

> 今鲁国独非君之皮邪? 吾愿君刳形去皮,洒心去欲,而游于无人之野。南越有邑焉,名为建德之国。其民愚而朴,少私而寡欲;知作而不知藏,与而不求其报;不知义之所适,不知礼之所将。猖狂妄行,乃蹈乎大方。其生可乐,其死可葬。吾愿君去国捐俗,与道相辅而行。

"君之皮",比喻鲁侯有鲁国,其就如同身上长着花纹的豹子和毛十分丰厚的狐狸。市南宜僚认为,豹子和狐狸因其皮而被猎人追捕,尽管时时提防仍难免一死。同理,鲁侯因有鲁国,时时受到敌国的威胁,终将难免于患。而除患的唯一途径,是"刳形去皮,洒心去欲",即忘身去国,抛弃既得的荣华富贵,灭绝一切欲望,到"无人之野"去旅游。"无人之野"是不需要谁去做君主的。市南宜僚告诉鲁侯,南越有一邑,名为"建德之国"。那里的人民愚昧纯朴,少私寡欲;只知道劳作,不知道收藏;只知道施舍于人,不知道求人报答;更不知道遵循什么礼义。他们随心所欲,无拘无束,走上了大道。他们生有其乐,死得其葬,生死各得其所。市南宜僚再劝鲁侯"去国捐俗",离开鲁国的君位,捐弃世俗的享乐,走上大道。

"建德之国",是市南宜僚给鲁侯指出的一个好去处。这个"建德之国",自然和谐,人们自由自在地生活着,没有战争,没有倾轧,也没有束缚人性的礼义制度,更没有压迫人民的君主,一切都是那么如意、那么美好。

庄子的无为君德论,在历史上不被重视。专制君主们不愿意接受它,也不可能接受它,因为他们都知道接受这种理论意味着什么。但是,这并不妨碍庄子的无为君德论本身所具有的深刻的社会批判意义。要鲁侯"刳形去皮,洒心去欲",更明确一点儿是"去国捐俗",就是要专制君主们放弃既得的权力和地位,放弃绝对国家和人民的占有欲和支配欲。这实际上就是对专制君主本身的存在和整个专制制度存在的彻底否定。

第五章 "无为"政治论

——不求人合与天合

春秋战国时期,思想家们提出了各种治国兴邦之术。儒家主张以仁义治国,法家主张以苛法严刑治国,墨家主张以兼爱治国,影响都比较大。而庄子继承了老子的政治思想,主张"无为而治"。因此,我们称庄子的政治学说为"无为政治论"。庄子标榜"无为",以自然人性论为基础,批判了当时各种"有为"的政治学说,阐述了"无为而治"的政治思想;同时,为追求理想的未来,描绘了"无为而治"的"至德之世"。

一、"有为"政治学说的批判

"有为"政治,是我们对老、庄以外各家政治学说的概括,与老、庄的"无为而治"相比较而对立。为了说明两者的区别,我们引用《天道》中的一则寓言:

> 昔者舜问于尧曰:"天王之用心何如?"尧曰:"吾不敖无告,不废穷民,苦死者,嘉孺子而哀妇人,此吾所以用心已。"舜曰:"美则美矣,而未大也。"尧曰:"然则何如?"舜曰:"天德而出宁,日月照而四时行,若昼夜之有经,云行而雨施矣!"尧曰:"胶胶扰扰乎!子,天之合也;我,人之合也。"

这是一段舜与尧的对话。舜问尧用心怎样。尧说他自己不傲慢,很有礼貌地对待那些有苦无处诉的人,不抛弃穷人不管,悲悯死者,喜欢儿童,对妇女也很关心。一句话,他用心于所有的弱小孤苦者。舜听了尧的话,觉得尧为政还可以,算得上美政,但还算不上完美。尧很惊讶,反问舜怎样才算得上完美。舜解释说,天依其德运行,自然界呈现出一片安宁。日月的照耀,四季的变化,昼夜的交替,云气的浮动,雨水的施降,一切都按照自身的规律变化。"胶胶扰扰",指纠缠不清的样子,是尧领悟了舜的话以后,对自己过去用心于世、为琐事牵累的反省。他在舜的开导下,认识到舜与天道相合,顺乎自然,为"天之合";而自己仅仅追求人事上的协调,是"人之合"。

从尧的反省中,我们看到,"天之合"顺应自然,"人之合"纠缠于人事。"天之合",即与无为的天道相合,行无为之治。"人之合",即与有为的人事相合,行有为之治。"有为而治"与"无为而治"的区别,就在于前者顺乎自然,后者协调人事。

尧治天下用心于协调人事,爱护人民,这在儒、墨两家看来,是相当完美的政治。孔子说"仁者爱人",所爱的对象仅限于"人",而与之相对的"民"是不值得爱的。孟子提出了民本思想,对普通的劳动人民也要爱护,即所谓"老吾老,以及人之老;幼吾幼,以及人之幼"。墨子倡导"兼爱为本",鼓吹泛爱,即一种普遍的、无条件的爱,爱一切人。在这一点上,儒、墨、道三家有相通之处。在上面的寓言中,庄子否定尧为政纠缠于人事,但不否定尧爱护人民,因此他说:"美则美矣,而未大也。"而且,庄子不把爱护人民作为根治社会弊端的良方。

同老子一样,庄子把社会上的一切不合理现象,都归咎于统治者的"有为"。例如,统治者横征暴敛,老百姓就会陷于贫困;统治者贪图财货,老百姓就去盗窃;统治者好战,便给老百姓带来凶年。总之,统治者的任何"有为",都是老百姓的灾难。

举贤任智,为儒家所津津乐道,庄子则认为由此导致了天下大乱。在《庚桑楚》篇中,庚桑楚对他的弟子说:

> 举贤则民相轧,任知则民相盗。之数物者,不足以厚民。民之于利甚勤,子有杀父,臣有杀君;正昼为盗,日中穴阫。吾语女:

> 大乱之本，必生于尧、舜之间，其末存乎千世之后。千世之后，其必有人与人相食者也。

庚桑楚是个隐者，居畏垒之山三年，那里连续三年大丰收。当地的老百姓喜庆丰年，都以为庚桑楚是贤人，托了他的福才获得了丰收。庚桑楚听到当地老百姓这样议论，心里很不高兴。他认为，推举贤人，就会导致人人都想往上爬，在竞争中不择手段、互相倾轧。任用心智，就会导致人与人钩心斗角、相互为盗。举贤任智，对老百姓没有好处。老百姓谋利心切，便六亲不认，儿子杀死父亲，臣下杀死君主，在光天化日下就敢抢劫掠夺。他进而断定：尧、舜举贤任智，种下了大乱的祸根，而流弊于千载之后，届时必然有人吃人的现象出现。

举贤授能，开发和运用心智，对于社会的进步、文明的创造，以及人的自身发展，都是正确的价值导向，与世袭制、任人唯亲和愚民政策相对立。但举贤授能，刺激人们产生了向上爬的野心，在竞争中不择手段；开发和运用心智，引起了人与人之间尔虞我诈、明争暗斗。春秋战国为乱世之秋，大大小小的野心家、阴谋家，争先恐后地粉墨登场，或互相勾结、朋党为奸，或互相倾轧、你死我活。因此，庄子把"举贤任知"归结为天下大乱的根源。虽属偏激，但在当时的特定历史条件下，如此说也不无道理。而且，庄子的预言在千载之后也应验了。中国历史上，果真出现了许多尸位素餐的笨蛋，出现了许多专门危害社会、残害百姓，以满足一己之私欲的坏蛋，这类例子不胜枚举。

法家主张以苛法严刑治国，因而非常推崇赏罚。但在庄子看来，赏罚不仅不足以治国，而且有害于老百姓安养性命之情，进而引起混乱。《在宥》篇中论述说：

> 人大喜邪，毗于阳；大怒邪，毗于阴。阴阳并毗，四时不至，寒暑之和不成，其反伤人之形乎！使人喜怒失位，居处无常，思虑不自得，中道不成章。于是乎天下始乔诘卓鸷，而后有盗跖、曾、史之行。故举天下以赏其善者不足，举天下以罚其恶者不给。故天

下之大不足以赏罚。自三代以下者，匈匈焉终以赏罚为事，彼何暇安其性命之情哉！

《在宥》一文，提出了以自然人性论为基础的治国方法。上面这段文字大意是说，人大喜大怒，分别伤害阴阳二气。阴阳受伤俱虚，则热时怕热，冷时怕冷，不能适应四时气候的变化，从而使身体受到严重伤害，出现喜怒无常、坐立不安、思想紊乱、行事无章的症状。"乔诘卓鸷"，是骄傲自大、独断专行的意思，是人在阴阳失调后产生的一种情绪。在这种情绪的影响下，于是出现了盗跖为盗，曾参、史鱼为善等各种行为。所以，举天下的名位、财物，还不够赏给为善者；举天下的刑法，还不够惩罚为恶者。天下虽大，仅用来赏罚都不够。自三代以下，统治者终日吵吵嚷嚷地以赏罚为能事，哪里能得空闲去安定老百姓的性命之情呢！

从自然人性论出发，庄子把社会的混乱归于人的自然心性的破坏，认为人的思想行为都产生于某种情绪。在某种情绪的影响下，人骚动不安，就会胡乱行事，破坏社会的安定。

至于以赏罚为主要手段惩恶扬善，其历史进步作用不容低估，但问题在于对善恶的区分。何者为善，何者为恶，是由统治者按照自己的好恶评判并确定标准，因而有很大的随意性。结果，一些奸佞无行之徒乔装打扮，伪装成善人，受到统治者的奖赏；而一些正直有德之士，反被诬为恶人，受到惩罚。因此，庄子在《秋水》篇中愤愤地骂道："帝王殊禅，三代殊继。差其时，逆其俗者，谓之篡夫；当其时，顺其俗者，谓之义之徒。""篡夫"和"义徒"，谁恶谁善，都是一个样子。要说差别，只有当时与不当时而已。正是在这个意义上，庄子对赏罚予以彻底否定。

庄子对仁义的抨击，可谓不遗余力。他认为仁义是虚伪的，是专制统治者御用的独裁工具。在《徐无鬼》篇中，许由对仁义的抨击最为猛烈。下面是啮缺跟许由的对话：

啮缺遇许由曰:"子将奚之?"曰:"将逃尧。"曰:"奚谓邪?"曰:"夫尧畜畜然仁,吾恐其为天下笑。后世其人与人相食与!夫民不难聚,爱之则亲,利之则至,誉之则劝,致其所恶则散。爱利出乎仁义,捐仁义者寡,利仁义者众。夫仁义之行,唯且无诚,且假夫禽贪者器。是以一人之断制利天下,譬之犹一观也。夫尧知贤人之利天下也,而不知其贼天下也。夫唯外乎贤者知之矣。"

这段对话的大意是,啮缺问许由到哪里去,许由回答说逃避尧,因为尧要把帝位让给他。啮缺不理解许由的做法,许由就解释说,尧汲汲于仁,坚持不懈,受其禅将为天下人耻笑。如果像尧那样以仁义治国,不仁不义的人就会不断增加,发展到一定程度,就会出现人与人互相蚕食的情形了。老百姓并不难拉拢,爱护他们就跟你亲近,使之得利就跑过来,夸奖他们几句就使劲干活,见其所恶就一哄而散。爱利都出乎仁义,所以捐弃仁义的人少,利用仁义的人多。仁义之行,不仅带有很大的虚伪性,而且给贪婪的野心家提供了鱼肉百姓的工具。野心家们以仁义之名,用他个人的是非标准裁断天下。尧只从表现上看问题,以为行仁义的贤人有利于天下,而不知道他们实际上是残害天下的人。

许由慷慨陈词,认为仁义已沦为工具,统治者是借仁义之名,行独裁之实。他同时指出,那些以行仁义而闻名的"贤人",实际上是害天下之贼。而尧恰恰看不到这些,所以他要逃走。

尧治世爱人,庄子曾予以肯定,只是"美则美矣,而未大也",因为爱人总要比杀人强得多。但是,他坚决反对出乎仁义的爱人,因为爱人出乎仁义而不出乎天性,其最终目的是利用别人。出乎天性的爱是真诚的、无私的,而出于仁义的爱是虚伪的、不纯洁的。在特定的历史条件下,统治者往往做些让步,给人民以休养生息之机,并美其名曰"仁政"。其实,统治者一时的让步,正是利用老百姓"爱之则亲,利之则至,誉之则劝"的特点,以进一步巩固和加强自己的统治。

仁义沦为工具，为渔猎者争相抢用，于是挑起了是非和争斗，社会的和谐被破坏了，人的自然天性备受摧残，人与人之间的矛盾日益尖锐起来。《马蹄》篇中论述说：

> 夫残朴以为器，工匠之罪也；毁道德以为仁义，圣人之过也。夫马陆居则食草饮水，喜则交颈相靡，怒则分背相踶(dì)。马知已此矣！夫加之以衡扼，齐之以月题，而马知介倪、闉扼、鸷曼、诡衔、窃辔。故马之知而能至盗者，伯乐之罪也。夫赫胥氏之时，民居不知所为，行不知所之，含哺而熙，鼓腹而游。民能以此矣！及至圣人，屈折礼乐以匡天下之形，县跂仁义以慰天下之心，而民乃始踶跂好知，争归于利，不可止也。此亦圣人之过也。

《马蹄》一文中，庄子以伯乐治马为喻，激烈地批评圣人以仁义礼乐残害人的自然天性。在庄子看来，圣人以仁义毁灭道德，就像工匠把原木制成器具一样，是一种罪过。他对比说，马散居则独自吃草饮水，高兴就结伴交颈相磨，发怒时屁股对屁股用后腿相踢。马的智慧仅此而已。可当人们给马套上夹板、戴上笼头、嚼子，马就知道一驾上车就躺倒，或者使劲向后坐，知道吐出嚼子、脱掉笼头的办法。马本来愚朴无知，竟然变得像盗贼一样诡计多端，这完全是伯乐的罪过。赫胥氏是远古的帝王，当时人们安居而无所为，旅行不知道去哪里，嘴里含着食物嬉戏，肚子吃得鼓鼓的去游玩。人所能做的事情仅此而已。有圣人出，制定礼乐以匡正天下人的举止，标榜仁义以安慰天下人的心思。于是，人们便绞尽脑汁去争利，一发而不可收。这完全是圣人的过失。

庄子认为，人的自然天性本来就是完美的，如果人的自然天性不被破坏，人与人之间的关系就像"赫胥氏之时"一样和睦，人人都过着自由快乐、幸福美满的生活。而圣人标榜仁义，恰恰破坏了人的自然天性，破坏了由完善的人性维系的、和谐美好的社会生活。所以，要大治天下，唯一的办法就是顺应人的自然天性，无为而治。

二、以不治为大治

天道无为,无为而无不为。治世效法天道,无为而治,即以不治为大治,取消一切政治措施,顺乎人的自然天性。

人的自然天性是与生俱来的,是人的本能要求,无须后天有意培养。《马蹄》文中分析说:

> 彼民有常性,织而衣,耕而食,是谓同德。一而不党,命曰天放。

"常性"即人的自然本性。"织而衣,耕而食",是说人为穿衣而织布,为吃饭而耕田,为满足自己的物质生活而劳动。"同德",指普遍的人性。"一而不党",是纯一而无偏私的意思。"天放",跟《知北游》中的"天弢"相对,即天赐的自由。我们不难从上面的引文中看出,庄子把人的自然本性分为物质和精神两个方面。

就物质方面来说,天赐予人吃饭穿衣的权利,同时也赐予人为穿衣吃饭而劳动的权利。劳动和享受劳动成果对每一个人都是天经地义的,因而不需要圣人或君主去支配和统治。

就精神方面来说,人皆生于大道,大道无偏无私。人人平等,都应该享受天赐的自由,也不需要圣人或君主去支配和统治。

如上所述,庄子是个"人性至上"论者,他的自然人性论,是"无为而治"的理论基础。庄子列举了不少寓言,论证:顺应人的自然天性,立即会收到天下大治的奇效。《齐物论》中有个"朝三暮四"的故事,情节是这样的:

> 狙公赋芧,曰:"朝三而暮四。"众狙皆怒。曰:"然则朝四而暮三。"众狙皆悦。

"狙"即猕猴。"狙公",指养猕猴的老翁。"芧",橡子。养猕猴的老翁给猴子们分发橡子,他说早晨发三个,晚上发四个,所有的猴子听了都怒不可遏。他改口说早晨发四个,晚上发三个,猴子们听了转怒为喜,高兴得又蹦又跳。

上面的故事中,狙公没多给猴子们一个橡子,只把"朝三暮四"改为"朝四暮三",便使猴子们转怒为喜。这其中的奥秘,就在于聪明的狙公摸透并顺应了猴子们重视眼前利益的心理。

在《田子方》篇中,周文王授政于臧丈人,三年而国家大治,"无为而治"行之有奇效。具体情况如下:

> (文王)遂迎臧丈人而授之政。典法无更,偏令无出。三年,文王观于国,则列士坏植散群,长官者不成德,斔斛不敢入于四竟。列士坏植散群,则尚同也;长官者不成德,则同务也;斔斛不敢入于四竟,则诸侯无二心也。

臧丈人受政以后,唯一所做的事情是"典法无更,偏令无出"。这就是说,他一仍旧贯,旧典旧法一条没改,新法新令一条没出,什么也没有做。三年后,文王下去视察,发现列士结成的私党没有了。"植",指私党的头头。私党作鸟兽散,头头垮了,同伙也跑了。做官的不去追求功德了,国内的量器也为人相信了。当时各诸侯国量器不统一,故为提防受骗和骗人,各诸侯国都争相使用自己的量器。周文王看到没有人敢把各诸侯国的量器带入本国境内,就知道国内没有骗人的现象了。庄子对此分析说,私党作鸟兽散,说明国家更统一了;做官的不追求功德,说明他们齐心合力了;谁都不敢把其他诸侯国的量器带入本国境内,说明诸侯都臣服了。

《应帝王》是庄子的政治论。文中,老聃对阳子居说:

> 明王之治:功盖天下而似不自己,化贷万物而民弗恃。有莫举名,使物自喜。立乎不测,而游于无有者也。

"明王"即英明的君主。老聃认为,英明的君主治世,功盖天下而不归于自己;化育万物,老百姓认为是出于自然。明王治世的成就,实在无法用语言去形容,只能看到万物自然生长,各得其所。明王治世的方法,是立足于不测的变化,而游心于虚无之道。

老聃说的明王，是"无名""无功""无己"的得道者。"立乎不测，而游于无有者"，就是"无为而治"。"不测"，指万物的变化。"无有者"，指虚无之道。

在《徐无鬼》篇中，黄帝等七圣在一牧马小童面前栽了跟头。寓言是这样的：

> 黄帝将见大隗乎具茨之山，方明为御，昌寓骖乘，张若、謵朋前马，昆阍、滑稽后车。至于襄城之野，七圣皆迷，无所问涂。适遇牧马童子，问涂焉，曰："若知具茨之山乎？"曰："然。""若知大隗之所存乎？"曰："然。"黄帝曰："异哉小童！非徒知具茨之山，又知大隗之所存。请问为天下。"小童曰："夫为天下者，亦若此而已矣，又奚事焉！予少而自游于六合之内，予适有瞀病，有长者教予曰：'若乘日之车而游于襄城之野。'今予病少痊，予又且复游于六合之外。夫为天下亦若此而已，予又奚事焉！"黄帝曰："夫为天下者，则诚非吾子之事，虽然，请问为天下。"小童辞。黄帝又问。小童曰："夫为天下者，亦奚以异乎牧马者哉！亦去其害马者而已矣！"黄帝再拜稽首，称天师而退。

这寓言的情节非常有趣。"大隗"，亦作"泰隗"，古代的至人形象。黄帝要到具茨之山去拜见他，请教治天下之术。黄帝一行七人，他的随从方明、昌寓、张若、謵朋、昆阍、滑稽，也都是圣人，前呼后拥，非常壮观。但到了襄阳之野，这七位聪明绝顶的圣人迷了路，连个问路的人都找不到。可天不绝人，正当七圣急得团团转而束手无策时，恰好遇见一个牧马童子，就跑过去向他问路。七圣问小童是否知道有个具茨山，小童回答说知道；又问大隗在哪里，小童也说知道。黄帝见小童如此聪明，不但知道具茨之山，而且知道至人大隗的居所，就断定小童绝非常人，便向他请教治天下之术。小童毫不犹豫地回答说，治理天下很容易，仅如此而已，实在用不着做什么。他自己儿时游于世间，得了一种头晕目眩的病，一老者告诉他，任凭时光的流逝，到襄城之野漫游。他的病现在渐渐好了，又要到世外去漫游了。治理天下很简单，像他那样随随便便、自由自在地漫游就可以了。他再次强调，他什么事也不去干，也没什么事可干。小童讲得这样详细，黄帝却不得要领，他坚持要小童讲明白，不放小童走。没办法，小童只好打比方说，治天下如同牧马，只要把害马者去掉就足够了。黄帝听罢恍然大悟，纳头便拜，向小童施大礼，称小童为"天师"，随后毕恭毕敬地退去。

牧马小童第一次给黄帝讲治天下之术，现身说法，重在一个"游"字，不但"游于襄阳之野"，而且"游于六合之外"。言外之意，是治天下者什么事也不必操心，什么事也不必做，一切事物都任其自由发展，人们想干什么就随便干什么，根本无须干涉。第二次讲"去其害马者"。马本有常性，如《马蹄》篇中所述，马散居则吃草饮水，高兴时就结伴交颈互相抚摩，发怒时就屁股对屁股地用后腿互相踢。伯乐治马，"烧之、剔之、刻之、雒之"，是"害马者"。而那些以仁义礼乐等治人的圣人，如同伯乐治马一样摧残人的身心，是人群中的"害马者"。黄帝从小童的话中，领悟到自己是人间的"害马者"，从前汲汲于"为天下"，实际是害天下；领悟到自己做到"无为"，天下就大治了。

治天下者为"害马者"，破坏了人的自然天性，从而破坏了社会的自然和谐，其害无穷。在《应帝王》中，儵、忽遇而混沌死。寓言的情节如下：

> 南海之帝为儵，北海之帝为忽，中央之帝为浑沌。儵与忽时相与遇于浑沌之地，浑沌待之甚善。儵与忽谋报浑沌之德，曰："人皆有七窍以视听食息。此独无有，尝试凿之。"日凿一窍，七日而浑沌死。

南海之帝叫"儵"，北海之帝叫"忽"，中央之帝叫"浑沌"，他们和睦相处，自由自在地生活。儵与忽时时相遇于混沌之地，每次混沌都热情地款待他们。儵、忽有些过意不去，就商量怎样报答混沌。二人突发奇想，觉得人都有眼、耳、口、鼻，而唯独混沌没有，应该帮助他凿出来。于是二人一起动手，日凿一窍，七天凿出七窍。七窍凿完，混沌马上死了。

儵、忽出于好心，但做了一件蠢事，他们破坏了混沌的天性，凿死了他们最亲密的朋友。

三、"至德之世"

现实的黑暗并不能泯灭人们对理想人生的追求；而人们对理想人生的描绘，又是对现实的否定。一正一反，相得益彰。庄子多次描绘"至德之世"，以反衬现实的黑暗，设计理想的未来。

《马蹄》文中描绘"至德之世"说：

> 故至德之世，其行填填，其视颠颠。当是时也，山无蹊隧，泽无舟梁；万物群生，连属其乡；禽兽成群，草木遂长。是故禽兽可系羁而游，鸟鹊之巢可攀援而窥。夫至德之世，同与禽兽居，族与万物并。恶乎知君子小人哉！同乎无和，其德不离；同乎无欲，是谓素朴。素朴而民性得矣。

"至德之世"呈现出一派原始自然风光："填填"指悠闲的样子，"颠颠"指纯真的样子，形容那里的人们天性美好、自由自在。山上没有蹊径，水泽没有船只和桥梁；万物居处相连，不分彼此；飞禽走兽成群结队，草木繁茂苗壮。人可以牵着飞禽走兽到处游玩，也可以爬到树上去窥视巢中的鸟鹊。当时，人与禽兽同居，与万物共处，根本没有什么君子小人之分。人无知无欲，本性不失，自然朴素。

《胠箧》文中描绘"至德之世"说：

> 子独不知至德之世乎？昔者容成氏、大庭氏、伯皇氏、中央氏、粟陆氏、骊畜氏、轩辕氏、赫胥氏、尊卢氏、祝融氏、伏戏氏、神农氏，当是时也，民结绳而用之。甘其食，美其服，乐其俗，安其居，邻国相望，鸡犬之音相闻，民至老死而不相往来。若此之时，则至治已。

这里一连列举了十二位上古时代的帝王。当时还没有文字，人们只好用结绳的办法记事。但国家产生了，人类已经从自然界中分化出来，结成社会。这样，人与自然万物的关系就不像从前那样和谐，"禽兽可系羁而游，鸟鹊之巢可攀援而窥"的时代结束了。然而，人与人之间的和谐还保留着，国与国之间也能和平共处。人们安居乐业，各得其所，尽管邻国彼此相望，鸡犬之声相闻，但互不侵犯。

《天地》篇中描绘"至德之世"说：

> 至德之世，不尚贤，不使能，上如标枝，民如野鹿。端正而不知以为义，相爱而不知以为仁，实而不知以为忠，当而不知以为信，蠢动而相使不以为赐。是故行而无迹，事而无传。

这还是"行而无迹，事而无传"的时代，当时的事迹没有流传下来。所知道的只是仁、义、忠、信等观念还没有产生，人们行为端正，相亲相爱，诚实有信，互相帮助，都出于自然天性。帝王身居高位，但无心作为，不尚贤者，不使能者，人民就像田野里的鹿一样自由自在。

《盗跖》篇中借盗跖之口说：

> 神农之世，卧则居居，起则于于。民知其母，不知其父，与麋鹿共处，耕而食，织而衣，无有相害之心。此至德之隆也。

《马蹄》篇中所举"至德之世"中的十二个上古时代的帝王，其中有神农氏。"居居"指安安稳稳的样子，"于于"指混混沌沌的样子，形容人安闲天真。"知其母，不知其父"，是说人们还处在母系社会时代。"与麋鹿共处，耕而食，织而衣"，说明当时畜牧业、农业、手工业都产生了。"无有相害之心"，说明当时人们友爱，从而社会安定。

《山林》篇中的"建德之国"，也是"至德之世"，只是与现实更接近一些。

显然，庄子的"至德之世"，吸收并体现了老子"小国寡民"的思想，但更多的是他自己所向往的人生。在"至德之世"，到处充满了自然和谐的静态美。人与自然是和谐的，"禽兽可系羁而游，鸟鹊之巢可

攀援而窥"。人与人的关系也是和谐的,"上如标枝,民如野鹿"。在
"至德之世",人民是自由的,"居不知所为,行不知所之,含哺而熙,鼓
腹而游"。人民的生活是美满的,"甘其食,美其服,乐其俗,安其居"。
总之,"至德之世"是庄子理想中的"乌托邦"。

　　庄子的"至德之世"的原则和精神,反映了当时人民摆脱剥削压
迫、争取自由幸福的愿望和要求,因而对后世的思想文化产生了深远
影响。我们打开陶渊明的《桃花源记并诗》来看,在"桃花源"中,"土
地平旷,屋舍俨然,有良田、美池、桑竹之属。阡陌交通,鸡犬相闻",
"俎豆犹古法,衣裳无新制。童孺纵行歌,斑白欢游诣",好一派"含哺
而熙,鼓腹而游"的怡乐景象。

　　总之,庄子的无为政治论,有一定的历史进步性,尽管其中有不少
幻想成分。第一,以"无为"否定"有为",从而将君主专制制度和独裁
政治摧残人性的本质暴露出来;第二,肯定了自由是人的天赋权利,不
容剥夺;第三,唤起人们对美好生活的向往。

第六章　初尝文明的苦果

——"绝圣弃知"

　　春秋战国时期,战乱频仍,社会动荡。于是,人们面向历史,开始探讨天下动乱的原因,或归之于昏君,或归之于乱臣,或归之于鬼神。众说纷纭,莫衷一是,都在迷惘中徘徊。

　　庄子看这个问题,视角和思维方式都不同于传统,含有辩证法。"圣人生而大盗起",上好智则天下乱,就是他的独到发现。

　　庄子发现了披着合法外衣的"乱世魔王",要根除之。他开出了"绝圣弃知"的治世处方,公开向旧制度挑战,公开向统治者挑战,真是一个无私无畏的勇士!

　　庄子论"绝圣弃知",专作《胠箧》一文,雄辩滔滔,一泻千里,大气磅礴,势不可当。

一、世俗之智利于盗贼

　　《胠箧》一开头,庄子就指出了一种奇怪的、为人们所熟视无睹的现象:

　　　　将为胠箧探囊发匮之盗而为守备,则必摄缄縢,固扃鐍,此世俗之所谓知也。然而巨盗至,则负匮揭箧担囊而趋,唯恐缄縢扃鐍之不固也。然则乡之所谓知者,不乃为大盗积者也?

　　"胠箧":"胠",撬开的意思;箧,指一种小箱子。"缄""縢",都是绑东西用的绳子。"扃鐍",指门窗或箱柜上用来加锁的部件。

　　世上自从有了盗贼,人们就千方百计地对其进行防备。但是,人们把东西藏在箱子里、口袋里、柜子里,盗贼就设法打开箱子、柜子,解开口袋,伸进手去把东西掏出来窃走。为此,人们把口袋用绳子扎得紧紧的,把箱柜上用来加锁的部件固定得牢牢的,就以为太平无事了。这就是世俗所说的智慧。其实不然,如果大盗一来,就背起柜子、举起箱子、挑起口袋跑了,他们还唯恐口袋绑得不紧、加锁的部件不坚固呢!这时再看,还能说人们为防盗所做的各种工作是明智的吗?显然不能。世俗所说的智慧,仅仅是为大盗积累财富而已。

这就揭开了一个具有普遍意义的矛盾:劳动者创造的财富,是他们的汗水和智慧的结晶,但都被无耻的盗贼窃走了。尤其是他们凝结在劳动成果上的智慧越多,盗贼窃取时越方便,这就形成了恶性循环。"道高一尺,魔高一丈",财富的创造者只能永远为他人作嫁衣裳。所以,庄子愤怒地问道:"世俗之所谓知者,有不为大盗积者也?"

更有窃国大盗,不仅窃取了一国的财富,而且窃取了其"圣知之法",作为护身的法宝。《胠箧》文中举例说:

昔者齐国邻邑相望,鸡狗之音相闻,罔罟之所布,耒耨之所刺,方二千余里。阖四竟之内,所以立宗庙社稷,治邑屋州闾乡曲者,曷尝不法圣人哉?然而田成子一旦杀齐君而盗其国,所盗者岂独其国邪?并与其圣知之法而盗之,故田成子有乎盗贼之名,而身处尧舜之安。小国不敢非,大国不敢诛,十二世有齐国,则是不乃窃齐国并与其圣知之法以守其盗贼之身乎?

齐国本是姜姓,姜太公始封于此。春秋时期,齐国曾一度称霸诸侯,国泰民安,文化也比较发达。如上文所述,邻里相望,鸡鸣狗吠之音相闻,方圆两千多里,齐国自来都是齐国人民打猎捕鱼、犁锄耕种的地方。历代齐君凡建立宗庙社稷、治理大小行政区域,其礼法制度都效法圣人,真可谓礼仪之邦!

然而,自从田成子(陈恒)杀了齐简公,不仅齐国的政权和财富落到田成子手里,而且齐国以前奉行的"圣知之法"也被他利用。"圣知之法",即取法圣人而制定的礼法制度。田成子打着奉行"圣知之法"的旗号篡权,又以奉行"圣知之法"为名巩固自己的地位,所以庄子说他"并与其圣知之法而盗之"。

田成子本是窃国大盗,他当了齐相,立齐平公为傀儡,而他自己的食邑比齐平公还大,安乐如帝王。小国不敢非议,大国不敢诛讨,于是田姓前后十二世统治齐国。

由此可见,为治国而设的"圣知之法",不过是野心家和统治者们进行争夺时所利用的工具而已。在"圣知之法"的幌子下,他们干尽了无耻的勾当!所以,庄子愤怒地问道:"所谓圣者,有不为大盗守者乎?"

揭露"圣知之法"的工具性质,具有深刻的社会批判意义。暴君利用它消灭异己,《胠箧》文中举例说:

> 昔者龙逢斩,比干剖,苌弘胣,子胥靡。故四子之贤而身不免乎戮。

上例中所举龙逢等四人,都是庄子所处时代之前的著名贤臣。

龙逢即关龙逢,是夏桀的贤臣,因忠谏而被桀残杀。比干是殷纣王的叔父,以贤闻名,因谏殷纣王悔过而被开腹挖心。苌弘为周大夫,与晋范中行氏有联系。后来晋赵鞅因与范中行氏有矛盾而伐周,周人因此把苌弘杀了。苌弘所受之刑叫"胣",或谓之刳肠之刑。子胥姓伍名员,楚国人,后来投靠吴王夫差,功盖天下。夫差与越王勾践讲和时,子胥坚决反对,以为讲和必生后患。夫差非但不听,反而赐剑让子胥自裁。子胥死后,尸体被装进猫头鹰形状的马皮口袋里抛入江中,故称"靡"。"靡"通"糜",糜烂的意思。

二、"圣人生而大盗起"

"圣人"这称号,人们闻之就肃然起敬、顶礼膜拜,怎么和大盗联系在一起了呢?要解开疑团,还得到《胠箧》篇中去找答案。我们先看下面一则寓言：

> 故跖之徒问于跖曰："盗亦有道乎？"跖曰："何适而无有道邪？夫妄意室中之藏，圣也；入先，勇也；出后，义也；知可否，知也；分均，仁也。五者不备而能成大盗者，天下未之有也。"

"跖"即传说中与孔子同时的盗跖。跖是大盗，不仅横行天下，而且对为盗有很高的理论修养，开口则滔滔不绝。按照他的观点，没有理论修养，不具备圣、勇、义、智、仁五德，只配做草寇小贼，根本不能成为大盗。

跖很不简单，他成功地把圣人之道运用到整个盗窃过程中，从侦察预谋一直到分赃。推测室中所藏的东西，就是圣明；带头入室作案，就是勇敢；撤离作案现场时最后离开，就是讲义气；知道作案能否成功，就是聪明；分赃时分得均匀，就是仁惠。

庄子由此推断说：

> 善人不得圣人之道不立，跖不得圣人之道不行。天下之善人少而不善人多，则圣人之利天下也少而害天下也多。故曰：唇竭则齿寒，鲁酒薄而邯郸围，圣人生而大盗起。掊击圣人，纵舍盗贼，而天下始治矣。

所谓"圣人之道"，也不过是工具而已。这里讲的圣人，是儒家的圣人，鼓吹圣、勇、义、智、仁等。善人得圣人之道才能成功，跖得圣人之道才能横行天下，可惜天下不善的人多而善人少，因此圣人之道多被不善人利用。两相比较，圣人对天下害大于利，因为他们给大盗提供了工具。这就是"圣人生而大盗起"的论据。

庄子还用了两个典故，说明圣人和大盗的关系。一个是"唇竭则齿寒"。"竭"，亡也，以"唇齿相依"说明圣人和大盗彼此相关。另一个是"鲁酒薄而邯郸围"，说的是楚宣公朝会各国诸侯，鲁恭公迟到，而且所献的酒味道也不浓。楚王怒，出兵伐鲁。梁惠王也借机出兵攻赵，包围了赵国的都城邯郸。因为，虽然楚国是赵国的盟国，但此时也不能再出兵援赵了。庄子借此说明，圣人和大盗的出现，有先后因果关系。

如果搞清楚这种关系，再去治理天下，事情就很简单，只要"掊击圣人，纵舍盗贼"就可以了。

反之，重视圣人治天下，则有利于盗跖之流，天下必然一日乱于一日。《胠箧》篇中这样论道：

> 夫川竭而谷虚，丘夷而渊实。圣人已死，则大盗不起，天下平而无故矣！圣人不死，大盗不止。虽重圣人而治天下，则是重利盗跖也。为之斗斛以量之，则并与斗斛而窃之；为之权衡以称之，则并与权衡而窃之；为之符玺以信之，则并与符玺而窃之；为之仁义以矫之，则并与仁义而窃之。何以知其然邪？彼窃钩者诛，窃国者为诸侯，诸侯之门而仁义存焉，则是非窃仁义圣知邪？故逐于大盗，揭诸侯，窃仁义并斗斛权衡符玺之利者，虽有轩冕之赏弗能劝，斧钺之威弗能禁。此重利盗跖而使不可禁者，此乃圣人之过也。

这段文字，最能体现庄子非凡的敏锐和雄辩的才能。

本来，圣人死去，大盗也就自然消失了，从而天下太平。这就像山谷中有溪流，以及山丘与深渊相对一样：如果溪流竭尽，则山谷空虚；如果把小丘铲平，就会把深渊填实。

但社会上的人们总是不明白这个道理，非要圣人治天下不可，结果是大大有利于盗跖之流。这盗跖之流一点也不客气，你造出斗斛权衡测量物品的大小轻重，以求公平交易，他们就把物品连同斗斛权衡一起窃去；你造出符契玺印作为信用凭记，他们就把物品连同符契玺印一起窃去；你提倡仁义以矫正他们的盗贼恶心，他们就把仁义也一并窃去。圣人的发明越多，盗跖之流得利越大，从而干得越起劲、越大胆。

但是，盗跖之流一旦窃得国家，就摇身一变成了诸侯；而社会只对那些小偷处以重刑,对窃国大盗则予以认可。所以,人们争相为大盗,以求被举为诸侯。所以,盗窃仁义和斗斛权衡符玺的人,赏官赐爵不能劝阻,斧钺之刑不能禁止。于是,天下大乱,一发不可收拾。

"窃钩者诛,窃国者为诸侯",讲得非常明白,一针见血。那些诸侯,就是披上了仁义外衣的窃国大盗,是盗中之王。这大胆无情的揭露,令统治者无不胆战心惊。回顾历史,哪个天子诸侯不在庄子所谓的窃国大盗之列呢?

三、上好智则天下乱

庄子认为,天下本来是太平的,人心淳朴,社会和谐,一切都是那么自然和美好。但是,统治者别出心裁,推崇心智,从而把社会的和谐打乱了,把人心的纯朴破坏了。他在《胠箧》中愤愤地说:

> 子独不知至德之世乎?昔者容成氏、大庭氏、伯皇氏、中央氏、栗陆氏、骊畜氏、轩辕氏、赫胥氏、尊卢氏、祝融氏、伏戏氏、神农氏,当是时也,民结绳而用之。甘其食,美其服,乐其俗,安其居,邻国相望,鸡狗之音相闻,民至老死而不相往来。若此之时,则至治已。今遂至使民延颈举踵,曰"某所有贤者",赢粮而趣之,则内弃其亲而外去其主之事,足迹接乎诸侯之境,车轨结乎千里之外。则是上好知之过也!

"至德之世",是庄子理想的社会。"赢粮而趣之":"赢",备足;"趣",走向。"好知"的"知",通"智"。

庄子一连列举了十二个上古时代的帝王。在他们为帝王的"至德之世",虽然文字还没有产生,人们只会结绳记事,但是,天下是"至治"的,太平无事。人们安居乐业,自给自足,即使两国毗连,也互不侵犯。"至德之世",也就是"至治"之世。

而到了庄子所处的战国时代,人心骛外,人们提起脚跟,伸长脖子,一听说某个地方有贤者,就备足干粮争先恐后地跑去投靠。他们抛弃了家庭,背弃了主子,步行的在各诸侯国留下了足迹,驾车的行至千里之外。

这样描绘并非夸张。战国时代,诸侯争霸,或争夺土地,或争夺人才,而人才的争夺更重要。齐国的孟尝君,赵国的平原君,魏国的信陵君,楚国的春申君,后世称"战国四公子",都以招贤纳士而名噪一时。大大小小的野心家都粉墨登场,奔走呼号或巧饰辩言,纵横游说,一朝而悟万乘之主,入朝为相;或朝秦暮楚,反复无常,顷刻被人识破,身败名裂。庄子说"是上好知之过也",不无道理。

统治者推崇心智破坏了"至德之世",造成了严重后果。《胠箧》文中分析说:

> 上诚好知而无道,则天下大乱矣!何以知其然邪?夫弓弩毕弋机变之知多,则鸟乱于上矣;钩饵罔罟罾笱之知多,则鱼乱于水矣;削格罗落罝罘之知多,则兽乱于泽矣;知诈渐毒、颉滑坚白、解垢同异之变多,则俗惑于辩矣。故天下每每大乱,罪在于好知。

"弓弩毕弋":"弩",安有机械装置的弓;"毕",田猎用的长柄网;"弋",带绳射出可以收回的箭。"罔罟罾笱",都是捕鱼的工具。"罔",通"網",今作"网"。"削格罗落罝罘":"削格",竹木制成的捕兽夹子;"罗落",罗网,"落"通"络";罝、罘,都是捕兽网。"知诈渐毒",意思是诡计多端,阴险狠毒。"颉滑坚白":"颉滑",奸黠、狡辩,"颉"通"黠";"坚白",战国时期名辩的论题之一。"解垢同异":"解垢",通"邂逅"。

正像人们不断改进和发明渔猎工具,使鸟乱于天、鱼乱于水、兽乱于泽一样,统治者好心智,就有人诡计多端,阴险狠毒,狡辩坚白,乱说异同。于是,民心被巧饰之辩言所惑,导致天下大乱。其势如燎原之烈火,无法扑灭。

四、"绝圣弃知"

"绝圣弃知",是庄子开出的治世的处方。既然是圣人的过失导致了大盗的出现，那么要根除大盗，莫若绝弃圣人；既然是统治者推崇心智导致了天下大乱，那么要平治天下，莫若绝弃智慧。所以，庄子在《胠箧》中狠狠地说：

> 故绝圣弃知，大盗乃止；擿玉毁珠，小盗不起；焚符破玺，而民朴鄙；掊斗折衡，而民不争；殚残天下之圣法，而民始可与论议；擢乱六律，铄绝竽瑟，塞瞽旷之耳，而天下始人含其聪矣；灭文章，散五采，胶离朱之目，而天下始人含其明矣；毁绝钩绳而弃规矩，攦工倕之指，而天下始人有其巧矣。故曰：大巧若拙。削曾、史之行，钳杨、墨之口，攘弃仁义，而天下之德始玄同矣。彼人含其明，则天下不铄矣；人含其聪，则天下不累矣；人含其知，则天下不惑矣；人含其德，则天下不僻矣。彼曾、史、杨、墨、师旷、工倕、离朱者，皆外立其德而爚乱天下者也，法之所无用也。

"擿玉毁珠"，"擿"同"掷"。"铄绝竽瑟"，"铄"为销毁。"瞽旷"，又叫师旷，古代著名乐师。"攦工倕之指"，"攦"为折断；"工倕"，尧时著名工匠，传说规矩是他发明的。"削曾、史之行"，"曾"是曾参，"史"是史鱼，二人以忠孝闻名。

庄子这个治世的处方，不仅仅是绝圣弃智，还要毁掉历史流传下来的一切物质文明和精神文明。庄子的这一主张，是从他的自然人性论出发的。

上面的引文中，有"大巧若拙"一句。所谓"大巧"，就是人的自然本能，与"小巧"相对。"小巧"是人经过后天学习而掌握的技巧。庄子认为，人经过后天学习掌握的技巧是雕虫小技，微不足道；而人的自然本能看起来似乎比"小巧"笨拙，但是出自天然，故谓"大巧"。

"人含其知，则天下不惑矣"一句，有点儿令人费解。庄子反复论述要"弃知"，可在这里却鼓吹"人含其知"，岂不前后矛盾？其实不然，"人含其知"的"知"和"弃知"的"知"，虽然都通"智"，但含义不同。

"人含其知"的"知",指人的自然心智。"弃知"的"知",指人后天发展起来的心智,例如曾参、史鱼的品行,杨朱、墨翟的理论,师旷、离朱的聪明,工倕的技巧。在庄子看来,人后天发展起来的心智,是支离破碎的"小智",而人的自然心智看起来似乎比后天发展起来的心智愚钝,但出自天然,是完美无缺的,故谓之"大智"。

"绝圣"所指的圣人,即儒家所推崇的圣人。他们"屈折礼乐以匡天下之形,县跂仁义以慰天下之心",是治天下之术的设计者,例如周公、孔子等。

"绝圣弃知",就是绝弃治天下之术的设计者,绝弃人后天发展起来的心智或智慧。庄子的这一主张,是他们所处的那个历史时代的产物。庄子提出这一主张的根据是:人们所创造的一切精神文明和物质文明都异化了;人们千辛万苦所创造的一切精神文明和物质文明成果,非但没有给人们带来幸福和自由,反倒异化为戴在自己脖子上的枷锁。

人类从自然界中分离出来,从旧石器时代到青铜器时代,从铁器时代到现代工业社会,经过几百万年艰苦卓绝的奋斗,在同大自然的斗争中取得了巨大成就。生产技术进步了,人类对大自然的认识和利用水平正在迅速提高,前景无限光明。

另一方面,人类在认识和利用大自然的同时,也发展了自己。从结绳记事到发明文字,人类在哲学、文学、绘画、音乐等领域都取得了辉煌的成就,文化水平得到了极大的提高。

毋庸置疑,没有人类文化水平的普遍提高,没有现代化的生产技术进步带来的巨大物质财富,就没有今天人类这样优越的生活条件,尽管目前各国各民族的发展水平还不尽相同。

但是我们也不应该忽略,现代化的生产技术在创造巨大物质财富的同时,也对人类赖以生存的自然环境产生了严重威胁:大片大片的原始森林消失了,洪水泛滥;一条条江河污染严重,鱼虾灭绝,甚至地下水源都被污染了，臭氧层也遭到破坏。我们更不应该忽略，人类耗费了巨大的财富并采用最先进的技术，制造了能把整个人类自身毁灭几十次的毁灭性武器，尤其是核武器。另一方面，人类的文化水平虽然普遍提高了，但群体意识相对降低了。现代文明开阔了人们的视野，人们却没有相应地开放自己的心灵。这一切，都是困扰人类的大难题。

解决这些难题，当然不能采用庄子的"绝圣弃知"，不能因噎废食。解决这些难题的出路在于：人类在改造自然界的同时，更要重视改造社会，调整人和自然的关系，在同自然界的斗争中保持人和自然界的和谐。

庄子"绝圣弃知"的学说，产生于他所处的那个"窃钩者诛，窃国者为诸侯"的历史时代，其社会批判意义是深刻的，这一点应该肯定；但是，"绝圣弃知"是一种极端学说，特别是"圣"与"知"这两个概念的外延应该严格限定。我们在肯定庄子"绝圣弃知"学说进步性的同时，不可忽视它的消极方面，即其对物质文明和精神文明的偏激态度。

第七章　河伯型心态剖析

——"以天下之美为尽在己"

　　《秋水》是一篇美文,文中有一位河伯,而河伯是一个我们总是感觉似曾相识的形象。这毫不奇怪,因为河伯"以天下之美为尽在己"(即以为天下之美都集中在自己身上)的心态,是一种典型的、具有普遍意义的心态。从河伯的心态中,我们可以发现许许多多我们熟悉的人物,甚至包括我们自己的影子。

一、河伯型心态形成的原因

　　河伯型心态,即"以天下之美为尽在己"的心态。在探讨河伯型心态形成的原因之前,我们先认识一下河伯。《秋水》开篇就描述说:

　　　　秋水时至,百川灌河。泾流之大,两涘(水边)渚(水中陆地)崖(岸)之间,不辩(辨)牛马。于是焉河伯欣然自喜,以天下之美为尽在己。

　　黄河流域在我国北方,这里的秋天是雨季。因而每到秋天,无数的河流汇入黄河,黄河水陡涨,波浪滔天,浩瀚阔大的河面出现了无比壮观的景象:云雾与水汽融为一体,朦朦胧胧,以致两岸之间,甚至河岸与水中的小洲之间,都无法分辨出对面的牛马。

　　传说河伯姓冯名夷,浴于河,溺水而死,得道成仙,为河神。他看到河面上的壮观景象,好不得意,于是乎"以天下之美为尽在己"。在这种心态的驱使下,他陶醉在自我欣赏中,开始了一次难忘的旅行:

　　　　(河伯)顺流而东行,至于北海,东面而视,不见水端。于是焉河伯始旋其面目,望洋(迷茫貌)向若而叹曰:"野语(俗语)有之曰:'闻道百,以为莫己若者。'我之谓也。且夫我尝闻少仲尼之闻而轻伯夷之义者,始吾弗信。今我睹子之难穷也,吾非至于子之门则殆矣,吾长见笑于大方之家。"

河伯这次旅行,本来是自我欣赏,要看一下自以为尽在己身的"天下之美",但所见所闻,使他自惭形秽,感慨万千。

河伯顺着水流东行,一路情绪很好。沿途处处可见"两涘渚崖之间,不辩牛马"的奇景,令其心旷神怡、喜气洋洋。但一到北海,河伯极目远望东方,只见水天一色,不见端涯,便大惊失色,心神木然。河伯前后情绪的巨大反差,让人可见其亲临北海后心灵深处所产生的强烈震撼。

河伯由自信到迷惘,再由迷惘到反省,终于发现自己正是俗语中所说的"闻道百,以为莫己若者"。一朝醒悟,他意识到从前以为仲尼的见闻最多、伯夷的节义最高都是偏见,于是在反省中深深自责。

"吾非至于子之门则殆矣,吾长见笑于大方之家",是说河伯转忧为喜,为自己见到海神若而庆幸。否则,他将永远为"大方之家"(即得道之人)嗤笑。

"以天下美为尽在己"的心态,并非河伯一个人所有,它是一种典型的、具有普遍意义的心态。

关于河伯型心态形成的原因,海神若的一段分析最为精辟。他说:

> 井蛙不可以语于海者,拘于虚(墟)也;夏虫不可以语于冰者,笃于时也;曲士不可以语于道者,束于教也。

空间、时间、知识水平三方面的限制,是河伯型心态形成的原因。

井蛙生活在井中,坐井观天,根本不知道有大海存在。河伯的活动空间比井蛙大得多,但也仅在"两涘渚涯之间"而已。井蛙以为天只有一个井大,河伯以为天下就是一条黄河,两者视野有小大之别,但得出了同样错误的结论,因为他们所受的空间局限是一致的。

夏虫活不到冬天就死了,它们见不到冰霜,就以为世界上根本没有冰霜存在。黄河只有在秋水到来时,才有"两涘渚涯之间,不辩牛马"的壮观景象。

乡曲之士,孤陋寡闻,从未听到过大道理。河伯没听说过,更没见到过黄河以外的世界,因而沾沾自喜、自我陶醉。

《养生主》篇中有句名言:"吾生也有涯,而知也无涯。"其慨叹的就是时空的无限性和人生的有限性。时空自身是无限的,但对某一具体的人是有限的,因而谁也无法突破时空的局限,以及由此而产生的知识的局限。

可惜河伯不懂得这个道理,他不仅无视个人经验和知识的相对性,而且把个人的经验和知识绝对化了。如果他在秋水到来、百川汇入黄河时以为"黄河之美尽在己"是无可非议的,那他"以天下之美为尽在己"就不对了,因为黄河与天下相比,仅九牛一毛,不能相提并论。

河伯"以天下之美为尽在己"的心态形成的另一个原因,是河伯的思维方式,主要是河伯的比较方法。

河伯的比较方法的特点之一,是专门与不如己者相比,从而得出人不如己的结论。"秋水时至,百川灌河",河伯把汇入黄河的百川跟黄河相比,从而"以天下之美为尽在己",是十分自然的。

河伯的比较方法的另一个特点,是眼睛只盯着自己的长处,以己之长比人之短。"百川灌河",自然是哪一川的水流也没有黄河的水流大。所以,河伯以水流大小与百川相比,就像一个耄耋之年的老人与一个垂髫小儿比谁年长一样可笑。

二、河伯型心态的特点

河伯看到黄河"泾流之大,两涘渚崖之间,不辩牛马"时,就"欣然自喜,以天下之美为尽在己"。其心态首先表现为妄自尊大,下面举几个同类的例子。

司马迁在《史记·西南夷传》中记载：汉代有一个小国叫夜郎，地处西南，只有一个县大且出产不多。可是夜郎的国王骄傲得很，自以为其国很大，很富裕。当汉朝派史臣去访问他时，他竟不知天高地厚地问："汉朝跟我国相比，哪个大一些？"

《人间世》篇中有一个寓言，说螳螂自以为力量很大，奋力举臂以挡车轮。其下场可想而知。

海神若讲"井蛙不可以语于海"。《秋水》篇中，公子牟（魏牟）也讲了一个东海之鳖和井蛙的故事给公孙龙听，他说：

> 子独不闻夫坎井之蛙乎？谓东海之鳖曰："吾乐与！出跳梁乎井干（栏）之上，入休乎缺甃（烂砖头）之崖（井壁）。赴水则接腋持颐（腮），蹶泥则没足灭跗（脚背）。还（回顾）虷蟹（孑孑）与科斗（蝌蚪），莫吾能若也。且夫擅一壑之水，而跨跱（叉开腿立着）坎井之乐，此亦至矣。夫子奚不时来入观乎？"东海之鳖左足未入，而右膝已絷（绊住）矣。于是逡巡（迟疑徘徊貌）而却（退），告之（井蛙）海曰："夫千里之远，不足以举其大；千仞之高，不足以极其深。禹之时，十年九潦（涝），而水弗为加益；汤之时，八年七旱，而崖（涯，水边）不为加损。夫不为顷久（时间）推移，不以多少进退者，此亦东海之大乐也。"

夜郎国王自以为其国比汉朝大，螳螂以为其臂能挡车，井蛙自以为井中至乐，与河伯妄自尊大的心态一致。要克服这种心态，就要把有这种心态的人从封闭性的环境中引导出来。

东海之鳖给井蛙描绘东海，只言其大。而海神若给河伯描绘海之大，对比举例，言简意赅，他说：

> 天下之水，莫大于海：万川归之，不知何时止而不盈；尾闾（排泄海水的地方）泄之，不知何时已而不虚；春秋不变，水旱不知。此其过江河之流，不可为量数。而吾未尝以此自多者，自以比形

于天地,而受气于阴阳,吾在于天地之间,犹小石小木之在大山也。方存乎见小,又奚以自多。

大海不盈不虚,容量超过江河之流不知多少倍,简直无法计算,海神却"未尝以此自多"。因此,海神若与河伯之间,在心态上形成鲜明对比。

海神若明明知道万川归海,就像河伯看见"百川灌河"一样。但他放眼天地之间,因而心胸开阔,不因自己大于江河而沾沾自喜。

海神若十分清楚,自己从天地的恩赐中形成了形体,又禀受了阴阳之气;而河伯忘记了自己源于百川。

由于眼界有高有低,思维方式不同,小于海神若的河伯"以天下之美为尽在己",而大于河伯的海神若以为自己在天地之间,犹如大山上的一株小树,或者一粒小石子。

海神若极言空间之大说:

> 计四海之在天地之间也,不似礨空(石上小孔)之在大泽乎?计中国之在海内,不似稊米之在大仓乎?号物之数谓之万,人处一焉……

海神若以空间无限之大,反衬河伯的心胸之小。海神若开放的心灵向无限的空间飞扬,而河伯则心灵封闭,偏居一隅而妄自尊大。两相对照,海神若是耸入云天的高峰,自满自大的河伯则是一抔黄土。

河伯型心态的第二个特点,是自以为是,表现在河伯身上,就是"闻道百,以为莫己若者"。

"仲尼之闻"和"伯夷之义",为人所津津乐道,河伯也曾坚信不疑,但他自以为是,把自己的信仰看作天经地义,看作终极真理,不允许别人批评,不允许别人怀疑。这是他孤陋寡闻的主要原因之一。

在《逍遥游》中,庄子别出心裁地塑造了几个自以为是、孤陋寡闻的形象。蜩(蝉)与学鸠(斑鸠)讥笑大鹏说:

> 我决(突然)起而飞,抢(冲上)榆枋,时则不至而控于地而已

矣,奚以之九万里而南为?

斥鷃(小雀)也讥笑大鹏说:

> 彼且奚适也?我腾跃而上,不过数仞而下,翱翔蓬蒿之间,此亦飞之至也,而彼且奚适也?

与其说这些小东西在讥笑大鹏,倒不如说它们在讥笑自己。

蜩和学鸠在地面突然起飞,冲向榆树和檀树,到时如果飞不上去,就落在地面上。它们大惑不解:大鹏为什么先要"抟扶摇而上者九万里",然后才飞往南冥呢?

斥鷃开头就不明白大鹏要飞到哪里,它说:"大鹏将要到哪里去?我跳跃着往上飞,不超过几丈高就落下来,在蓬蒿中飞来飞去,这也就是飞的最高限度了,而它将要飞到哪里去呢?"

蜩和学鸠高飞不过榆树和檀树,斥鷃远飞不出蓬蒿,狭小的生活空间,局限了它们的目光和思想。它们没见过,也没想到过九万里高空和天池南冥的景象,自然也就无法理解大鹏"抟扶摇羊角而上者九万里,绝云气,负青天,然后图南,且适南冥也"的壮举。

可是,这些卑微低能的虫鸟们自以为是,偏偏要以它们自己的卑微和低能作为最高标准,去衡量壮志凌云的大鹏,并表示无法理解。这些小东西真是荒唐极了!

《徐无鬼》中有一则寓言,讲的是自以为是的害处。其情节如下:

> 吴王浮于江,登乎狙(猕猴)之山。众狙见之,恂然(惊惧貌)弃而走,逃于深蓁(蓁,荆棘)。有一狙焉,委蛇攫抓,见巧乎王。王射之,敏给(迅速)搏捷(接)矢。王命相者(随从)趋射之,狙执死。王顾谓其友颜不疑曰:"之狙也,伐(夸)其巧恃其便(敏捷)以敖(傲)予,以至此殛(死)也。戒之哉!嗟乎,无(勿)以汝色骄人哉!"

"见巧"之狙亡命,是它自以为是、卖弄小技的恶果。

自满自足,自以为是,必然导致盲目乐观,例如前面举过的夜郎国国王、以臂挡车的螳螂、坐井观天的蛙儿。盲目乐观是河伯型心态的第三个特点。

秋水按时到来，水涨河阔，其景空前壮美。于是，河伯"欣欣然自喜"，非常乐观，"以天下之美为尽在己"。岂不知其在天地之间，实在微不足道，仅九牛一毛而已。

盲目乐观者，得意忘形，因而必有大祸临头。《徐无鬼》篇中的"豕虱"，即寄生在猪身上的虱子，就是盲目乐观者。文中写道：

> 濡需者，豕虱是也，择疏鬣（鬃），自以为广宫大囿。奎（两腿之间）蹄曲隈，乳间股脚，自以为安室利处。不知屠者之一旦鼓（举）臂布草操烟火，而己与豕俱焦也。

寄生在猪身上的虱子好不快活、好不得意，但好景不长，没过多久它就与它的"广宫大囿"和"安室利处"一起被烧焦了。

"濡需者，豕虱是也"，这则寓言讽刺的是那些偷安一时、盲目乐观的人。"豕虱"曾逍遥于它的"广宫大囿"和"安室利处"，跟"欣然自喜，以天下之美为尽在己"的河伯心态一样。

卑鄙无耻的小人，一旦阴谋得逞，捞到一官半职，无不与"豕虱"相同。他们把窃取的官职看作"广宫大囿"或"安室利处"，或尽情享乐、荒淫无耻，或以权谋私、贪得无厌。

妄自尊大、自以为是、盲目乐观，是河伯型心态的三种具体表现形式。

第八章　不做庙堂之龟

——人间大隐

庄子钓于濮水。楚王使大夫二人往先焉,曰:"愿以境内累矣!"庄子持竿而不顾,曰:"吾闻楚有神龟,死已三千岁矣。王巾笥(竹箱)而藏之庙堂之上。此龟者,宁其死为留骨而贵乎? 宁其生而曳尾于涂(泥)中乎?"二大夫曰:"宁生而曳尾涂中。"庄子曰:"往矣,吾将曳尾于涂中。"

这是《秋水》篇中的一个有趣的故事。其大意是:庄子优哉游哉地在濮水垂钓,好不快活,可楚王派了两个大夫来向庄子表示,要聘请庄子为楚相。庄子手持钓竿头也不回,一边垂钓一边说,楚国有一个神龟,已经死了三千年了,楚王把它用巾包好装进竹箱,然后小心翼翼地珍藏在庙堂里。说到这里,庄子向两位使者问道:"这神龟是愿意死去留下一只龟壳让人以为尊贵呢? 还是愿意活下来拖着尾巴在泥巴里爬来爬去呢?"两位使者异口同声地回答:"愿意活下来拖着尾巴在泥巴里爬来爬去。"庄子一听释然,马上表白"吾将曳尾于涂中",请两位使者走开。

"吾将曳尾于涂中",唯庄子能出如此妙语! 宁可做涂中之龟保持人格的独立和自由,而不做庙堂之龟沦为统治者的御用工具,这种高风亮节,使庄子成为中华民族最为后人景仰的人物之一。

一、知轻重而贵自由

宁可处泥巴之中而不居庙堂之上,是庄子的人生观。

《让王》文中论述说:

　　道之真以治身，其绪余以为国家，其土苴（渣）以治天下。由此观之，帝王之功，圣人之余事也，非所以完身养生也。今世俗之君子，多危身弃生以殉物，岂不悲哉！凡圣人之动作也，必察其所以之与其所以为。今且有人于此，以随侯之珠，弹千仞之雀，世必笑之。是何也？则其所用者重而所要者轻也。夫生者岂特随侯之重哉！

　　这段文字，强调以治身为本，治天下为末。"帝王之功，圣人之余事也"，其依据是身为帝王并不益于"完身养生"。因此，圣人处世，"道之真以治身，其绪余以为国家，其土苴以治天下"。"道之真"即道的精华，用以治身；"其绪余"是道的残余，用以治国家；"其土苴"即道的垃圾，用以治天下。在圣人眼里的帝王之功，仅是清理一下天下的垃圾而已。换言之，声名显赫的帝王，仅相当于一个清洁工而已。

　　身重而天下轻，危身弃生哪还有天下可治。可世俗之人昧于此，竟然"危身弃生而殉物"，即为追逐权势名利而伤身丧命。这就像用随侯之珠那样的无价之宝去弹射千仞之外的小雀，即使得手，也必然为世人所讥笑。

　　圣人知轻重，因而行动分外小心，事先一定要弄清楚前因后果，不做赔本买卖。但世俗之人不行，往往不知轻重。在《让王》篇中，子华子晓以利害，要昭僖侯停止与魏国的战争。文中记述：

　　韩魏相与争侵地，子华子见昭僖侯（韩国国王），昭僖侯有忧色。子华子曰："今使天下书铭（契约）于君之前，书之言曰：'左手攫（取）之则右手废，右手攫之则左手废，然则攫之者必有天下。'君能攫之乎？"昭僖侯曰："寡人不攫也。"子华子曰："甚善！自是观之，两臂重于天下也。身亦重于两臂。韩之轻于天下亦远矣！今之所争者，其轻于韩又远。君固愁身伤生以忧戚不得也。"僖侯曰："善哉！教寡人者众矣，未尝得闻此言也。"子华子可谓知轻重矣。

子华子不但知轻重，而且善于以轻重教人。他一番道理，说得昭僖侯连连称善，幡然醒悟。

为了蝇头小利，世俗之人往往舍命相争，问题出于不知轻重，或者轻身重物。但当子华子把两臂和天下摆在一起，让昭僖王任选其一的时候，昭僖王突然明白了两臂重于天下的道理。这是因为，世俗之人争名逐利，都有侥幸心理，而现在昭僖王侥幸的因素被排除了，他别无选择，只有乖乖就范。

子华子的推理很有意思，他举出前提，然后让昭僖侯自己去体悟结论。"今之所争者"——韩、天下、两臂、身，依次一个比一个重要。其中，关键是判断两臂和天下孰轻孰重。

周文王的祖父大王亶父，在《让王》篇中被称为"能尊生者"：

> 大王亶父居邠，狄人攻之。事之以皮帛而不受，事之以犬马而不受，事之以珠玉而不受。狄人所求者土地也。大王亶父曰："与人之兄居而杀其弟，与人之父居而杀其子，吾不忍也。子皆勉居矣！为吾臣与为狄人臣奚以异。且吾闻之：不以所用养害所养。"因杖策而去之。民相连而从之。遂成国于岐山之下。夫大王亶父可谓能尊生矣。能尊生者，虽富贵不以养伤身，虽贫贱不以利累形。今世之人居高官尊爵者，皆重失之。见利轻亡其身，岂不惑哉！

"尊生"比"重身而轻天下"更进了一步，即由己推人，重视别人的生命。古公亶父达到了这一境界。

狄人是我国古代北方的一个少数民族，屡次进攻周人。周人把皮帛、犬马、珠玉送给狄人以求和，但狄人拒不接受，因为他们向周人所求的是土地。这时，周人的首领古公亶父认为，如果武装抵抗狄人，臣民的子弟必将有较大伤亡。他不忍心看到臣民的子弟被狄人杀死，就要他的臣民好好住下去，而他自己骑上马要走。但他的臣民实在舍不得离开他，就结队跟他逃到岐山，并在岐山定居下来。

古公亶父在离开邠之前对臣民们说："不以所用养害所养。""所用养"指土地，"所养"指人民。这句话的大意是，土地本来是养育人民的，因而不能因为保卫土地而牺牲人民。这种观点是很可贵的。

把"所用养"和"所养"联系起来，即把土地和人民联系起来，宁弃土地而留人民，是古公亶父深得民心的主要原因。跟《诗经·小雅·北山》中的"普天之下，莫非王土；率土之滨，莫非王臣"比较，古公亶父没有把土地完全看作是自己一人的财富。土地是养育人民的，因而就没有必要驱使人民为争夺土地而做无谓的牺牲。他也没有把臣民作为自己的奴隶，因而要人民安居下来，他自己一个人离去。所以，古公亶父被称为"能尊生者"。

可"居高官尊爵者"与"能尊生者"相反，他们自己"见利轻亡其身"，舍命求利，自然不把别人的生命当一回事。历史上的统治者和野心家为一己之利，不惜驱使人民互相残杀，导致战乱频仍、民不聊生。其中主要一点，就是他们把人民作为工具使用，而不把人民当作人看待，更谈不上什么尊重了。

庄子宁可"曳尾于涂中"而不做庙堂之龟，除了重身而轻天下之外，还有另外一个更重要原因，就是重精神而轻物质，重自由而轻富贵。《养生主》篇中有一个寓言，说明精神上的自由比物质生活条件更重要，兹摘录如下：

泽雉（野鸡）十步一啄，百步一饮，不蕲（求）畜乎樊（笼）中。神虽王，不善也。

这故事的大致意思是说，在草泽中的野鸡，生活条件非常艰苦，走十步捡得一粒食，走百步喝到一口水；但是，它们不希望被人关在笼子里养起来。这是因为，尽管笼中不愁吃喝，令人向往，可一被关进去就不可能随便出来了，将永远失去自由。

同理，庄子如果应聘去做楚相，物质生活条件一定会大为改善，不会再"衣大布而补之""衣弊履穿"了，更不必再"往贷粟于监河侯"。

但是,庄子把自由看得重于一切,宁可像拖着尾巴在泥巴里爬来爬去的乌龟那样自由自在地生活,也不愿意像被用帛包好装进竹箱里珍藏在庙堂上的乌龟那样失去生命和自由,空留一只龟壳。

二、争名逐利必有后患

《史记·老子韩非列传》中记载:"楚威王闻庄周贤,使使厚币迎之,许以为相。"这与《秋水》篇中的记载大致相同。看来,庄子辞相的事情是可信的。

宰相之位,可谓一人之下、万人之上,势利小人、凡夫俗子,翘首举足,可望而不可即,但庄子坚辞不就。庄子看破红尘,深知为人君者多虎狼之心;伴君如伴虎,举手投足间稍有不慎,就会落入虎狼之口。争名逐利也不外如是,名利与祸患并生。

可叹凡夫俗子,两眼死死地盯在名利上,大祸临头却全然不知。《山木》篇中有一则寓言,对此进行了绝妙的讽刺。

> 庄周游于雕陵之樊(樊篱),睹一异鹊自南方来者。翼广七尺,目大运(直径)寸,感(触)周之颡(额),而集于栗林。庄周曰:"此何鸟哉?翼殷(大)不逝,目大不睹。"蹇(提起)裳躩步(小心迈步),执弹而留之(等待杀机)。睹一蝉方得美荫而忘其身。螳螂执翳(举臂)而搏之,见得而忘其形。异鹊从而利之,见利而忘其真。庄周怵然曰:"噫!物固相累,二类相召(吸引)也。"捐(弃)弹而反(返)走,虞人逐而谇之。庄周反入,三日不庭。蔺且(庄子的弟子)从而问之:"夫子何为顷间甚不庭乎?"庄周曰:"吾守形而忘身,观于浊水而迷于清渊。且吾闻诸夫子曰:'入其俗,从其令。'今吾游于雕陵而忘吾身,异鹊感吾颡,游于栗林而忘真。栗林虞人以吾为戮,吾所以不庭也。"

成语"螳螂捕蝉,异鹊(或为黄雀)在后",就出自这个寓言。

庄子手执弹弓伺机射杀鹊时,看见一只蝉正在树荫下得意地鸣叫,被一只螳螂举臂击中。螳螂观赏着捕住的蝉,竟忘记了自己的存在。这时,异鹊突然捕住了螳螂,见利而忘了本身。螳螂捕蝉,异鹊利之的情景,使庄子惊悟自己见利忘身,实与蝉、螳螂、异鹊同类,故"捐弹而反走"。

"吾守形而忘身,观于浊水而迷于清渊",是庄子的反省。"守形",指"执弹而留之"。"浊水",比喻世俗的利害。"清渊",比喻人的自然天性。庄子从蝉、螳螂、异鹊身上,多次看到了自己的影子,悟出见利忘身必有后患的道理,

势利小人一旦得计,就骄傲起来,不仅忘身,还向人炫耀,例如:

> 人有见宋王者,锡(赐)车十乘。以其十乘骄稚庄子。庄子曰:"河上有家贫恃纬(织)萧(芦荻)而食者,其子没(潜)于渊,得千金之珠。其父谓其子曰:'取石来锻(砸烂)之!夫千金之珠,必在九重之渊而骊龙颔(下巴)下。子能得珠者,必遭其睡也。使骊龙而寤,子尚奚微之有哉!'今宋国之深,非直九重之渊也;宋王之猛,非直骊龙也。子能得车者,必遭其睡也;使宋王而寤,子为齑粉(碎粉)夫。"

这是《列御寇》中的一则寓言,说明君主之心,如黑龙一样狠毒。他高兴时,会给讨他喜欢的人一点儿赏赐;一不顺心,又会把得其赏赐者杀掉。

见宋王者偶遇宋王高兴,讨得一点儿便宜,就拿去向庄子炫耀。这样的人很多,他们为讨主子喜欢,以便乘机求赏,什么事情都干得出来,例如:

> 宋人有曹商者,为宋王使秦。其往也,得车数乘。王说(悦)之,益车百乘。反(返)于宋,见庄子,曰:"夫处穷闾厄(隘)巷,困窘织屦,槁项黄馘者,商之所短也;一悟万乘之主而从车百乘者,商之所长也。"庄子曰:"秦王有病召医。破痈溃痤者得车一乘,舐(舔)痔者得车五乘,所治愈下,得车愈多。子岂治其痔邪?何得

车之多也？子行矣！"

这则寓言也出自《列御寇》，曹商使秦得车，向庄子炫耀并挖苦讽刺，庄子反唇相讥。

曹商是一个非常典型的势利小人和暴发户。他出使秦国，宋王赐车；到了秦国，秦王赏车。于是他得意忘形了，向庄子炫耀还嫌不够，又极尽其讽刺挖苦之能事。就庄子身居陋巷、穷困而以织草鞋为生，饿得面黄肌瘦的样子，他竟阴阳怪气地说出"商之所短"来，意思是他绝不会落魄到庄子的地步。"一悟万乘之主而从车百乘者，商之所长也"，可见得意忘形的曹商招摇过市，自以为光荣得很，已经飘飘然不能自己了。

庄子看着曹商，感到其既可悲又可笑。可悲的是，曹商卑鄙无耻到如此地步，竟泯灭了天知，却不以为耻，反以为荣；可笑的是，曹商急不可耐地招摇过市，炫耀表演，暴发户浅薄愚蠢的嘴脸暴露无遗。所以，他把曹商所干的肮脏勾当比作为秦王舔痔，表现了他对专制统治者和曹商之流的极度蔑视。

庄子把曹商和秦王的关系，比作病人和医生的关系。医生要治好病人，就要依其病情对症下药。秦王的病很重，可能是全身长满疮疖，体无完肤，又痛又痒，被折磨得寝食难安。唯有别人把他身上的疮疥舔破，他才舒服一点。于是，他悬赏召医："破痈溃痤者得车一乘，舐痔者得车五乘，所治愈下，得车愈多。"曹商使秦，只有车数乘，返宋时则"从车百乘"。这使庄子感到吃惊，故问曹商："子岂治其痔邪？何得车之多也？"庄子认定，曹商为秦王舔痔，才得了许多车。假定如此，则曹商为秦王舔痔不止一次，恐怕有近二十次，因为舔一次只得车五乘，二十次才一百乘。还可能有另一种情况，即曹商所舔的部位比痔所在的部位还要"下"，一次或几次就得车百乘。

看来古之王侯卿相、达官贵人，或一步一步地往上爬，像曹商为秦王舔痔，一次不行两次，直到舔净为止；或是另一种情况，一次所舔其最"下"，一次舔净，一步登天。

追求爵禄荣华的人，像猪一样愚蠢，却自作聪明。在《达生》篇中，有一则寓言对这种人进行了辛辣的讽刺：

> 祝宗人玄端以临牢笑（柙）说（劝说）彘曰："汝奚恶死！吾将三月豢（养）汝，十日戒，三日齐（斋），藉白茅，加汝肩尻（屁股）乎雕俎之上，则汝为之乎？"为彘谋曰："不如食以糠糟而错（放）之牢笑之中。"自为谋，则苟生有轩冕之尊，死得于豚（辁）楯（辒）之上、聚偻（有饰的棺材）之中则为之。为彘谋则去之，自为谋则取之，所异彘者何也！

"祝宗人"是祝人、宗人的合称，都是掌祭祀之官。"玄端"是祭祀时穿的斋服。祝宗人去猪圈取猪时对猪的劝说以及心理活动，生动地刻画出追求爵禄荣华之人卑微阴暗的灵魂。

祝宗人在取猪为牲时，口头上劝说猪不要怕死，因为用牲之前还要豢养三个月，然后斋戒，铺上白茅做的垫子。这段时间，猪得到很好的待遇，着实好好享受了一番，才被杀掉。而且，牲肉还要被放在有雕饰的俎上。祝宗口头上说得冠冕堂皇，但心里想，猪与其荣华一番死去，还不如在猪圈里吃糠糟活着好。

由猪联想到人，祝宗人觉得如果像猪一样生时乘轩车、戴礼帽，死后辁辒载尸，也算不白活一场，即使很快死去，也心甘情愿。

曹商为了得车百乘，主动给秦王舔痔；祝宗人为了得到爵禄荣华，连命都不要了。其实，他们比死猪还愚蠢呢！

在《徐无鬼》篇中，一朝得势便忘乎所以、苟且偷安的小人，被称为"濡需者"，并被比喻成"豕虱"，即寄生在猪身上的虱子。文中这样描写道：

> 濡需者，豕虱是也，择疏鬣（鬃），自以为广宫大囿。奎（两腿之间）蹏曲隈（隐蔽处），乳间股脚，自以为安室利处。不知屠者之一旦鼓（举）臂布草操烟火，而己与豕俱焦也。此以域进，此以

域退,此其所谓濡需者也。

猪身上的虱子,是地道的寄生虫。而寄生虫的生死荣辱,都取决于寄生的对象。所以,猪身上的虱子和猪的关系,可谓"一损俱损,一荣共荣"。

寄生在猪身上的虱子,心里非常快活。它们把猪疏长的鬃毛,看作宽广的宫殿或阔大的园囿,在里面尽情遨游,畅通无阻,或登楼远望,或纵横驰骋。它们又把猪的两腿之间,皱褶隐蔽之处,以及乳间股脚,都看作安全便利的居处,在里面休息娱乐,载歌载舞,追逐打闹。但它们从未想到,某一个早晨,屠夫点起烟火,把猪放在上面烧烤至死,自己与猪一起被烤焦了。

忘乎所以、苟且偷安的小人,一旦得到一官半职,其神态、心态跟寄生在猪身上的虱子完全相同。他们找到了主子,就以为找到了"广宫大囿"或"安室利处",可以终身享受无穷了,于是开始了"豕虱"一样的生活。他们贪污盗窃,以权谋私,巧取豪夺,损公肥己,聚敛了大量财富。同时结党营私,卖官鬻爵,培植亲信,网罗死党,形成了强大的政治势力。他们寡廉鲜耻,纵情挥霍,一掷千金,荒淫无度,奸淫掳掠。可是,一旦主子垮台,他们也无法逃脱"豕虱"的命运,最终一命呜呼。

多少人终生碌碌,不择手段地巴结逢迎,弄得一官半职后,还不知道成了主子的牺牲品,实在可悲。在《列御寇》中,有人聘庄子为相,庄子对其使者说:

子见夫牺牛乎? 衣以文绣,食以刍(草)叔(豆)。及其牵而入于太庙(帝王的祖庙),虽欲为孤犊,其可得乎!

"牺牛"与"孤犊",处境大不一样。

牺牛是提前三个月养来用以祭祀宗庙的牛,身上披着有花纹的锦绣,吃着上等的草料,可谓吃得好、穿得好。但当被牵入太庙将用时,死亡即刻来临,牺牛想为孤犊已来不及了。

孤犊是没人豢养的小牛，虽然吃不到上等的草料，披不上有花纹的锦绣，但可以自由自在地上山坡吃草、到河边喝水。这是牺牛可望而不可即的。

小人得到主子的赏识，爵禄名利应有尽有，自然高兴得手舞足蹈。可他们从此失去了做人的尊严，只能附属于主子做牺牲品，这是让他们后悔莫及的。

三、心隐而身不隐

心隐而身不隐，是庄子式的"隐"，意即不藏身于山林，而是混迹于人间。庄子本人就是隐心而不隐身的隐士。《缮性》文中论述说：

> 虽圣人不在山林之中，其德隐矣。隐故不自隐。古之所谓隐士者，非伏其身而弗见也，非闭其言而不出也，非藏其知（智）而不发也，时命大谬也。

"时命大谬"，君主昏庸无道，政治腐败，从而导致天下大乱。庄子所处的时代就是这样的时代。

《庄子》一书，写了许多隐士，他们性格各异，但志趣相同，表现为对当权者极度蔑视，对势利小人嗤之以鼻，对功名利禄不屑一顾，把人格的独立和自由看得重于一切。

庄子宁可"曳尾于涂中"而不应聘为相，其原因之一，是他对权欲极端厌恶。他甚至把相位比作腐鼠，在《秋水》篇中嘲笑梁相惠子：

> 惠子相梁，庄子往见之。或谓惠子曰："庄子来，欲代子相。"于是惠子恐，搜于国中三日三夜。庄子往见之，曰："南方有鸟，其名为鹓鶵，子知之乎？夫鹓鶵发于南海而飞于北海，非梧桐不止，非练实不食，非醴泉不饮。于是鸱（鹞鹰）得腐鼠，鹓鶵过之，仰而视之曰：'吓！'今子欲以子之梁国而吓我邪？"

庄子讲的故事，以鹓鶵自喻，以鸱比喻惠子。

庄子听说他的老朋友惠子在梁国做了宰相，就前往梁国去看望他。有人听到这个消息，就挑拨离间，告诉惠子说庄子要来取代他的职位。惠子一听惊恐不已，立即下令在梁国搜捕庄子。因此，庄子在见惠子时，讲了鹓吓鹓鶵的故事以讽喻。

鹓鶵志向远大，情操高洁，要从南海飞到北海，途中非梧桐不栖，非竹实不吃，非甘泉之水不饮。鹓目光短浅，心胸狭隘。正当它得到一只腐烂的死老鼠而高兴得又蹦又跳时，鹓鶵从它头上飞过，它以为鹓鶵来夺它的死老鼠，就抬起头惊恐地大叫一声"吓"。

惠子当了梁相，连老朋友也不信任了；而且听信谣言，要对庄子下毒手。而实际上，庄子对他的"腐鼠"不屑一顾，因此把他挖苦讽刺了一番。

大凡小人，一升官发财，就翻脸不认人，不管是亲人还是朋友。他们以小人之心度君子之腹，疑神疑鬼。一旦怀疑别人对自己构成威胁，就下毒手，且唯除之而后快。在中国历史上，君臣相残，父子相残，兄弟相残，都屡见不鲜，皆因争权夺利而起。

颜阖是鲁国的隐士，《让王》篇中有关于他厌恶富贵的故事，兹摘录如下：

> 鲁君闻颜阖得道之人也，使人以币（币帛）先焉。颜阖守陋闾（穷巷），苴布（麻布）之衣，而自饭（喂）牛。鲁君之使者至，颜阖自对（应对）之。使者曰："此颜阖之家与？"颜阖对曰："此阖之家也。"使者致币。颜阖对曰："恐听者谬而遗使者罪，不若审之。"使者还，反审之，复来求之，则不得已！故若颜阖者，真恶富贵也。

颜阖恶富贵，当鲁君想召他出来做官，并且派人先送币帛给他以表心意时，他竟设计逃跑了。

颜阖的生活十分艰苦，住在穷巷，穿麻布衣，亲自喂牛，恐怕是个贫苦农民。

颜阖志高行廉，足智多谋。当使者上门致币时，他说"恐怕听错了而致罪使者"，要使者回去审核一下鲁君到底让使者把币帛送给谁，他自己却乘机溜走了。

面对富贵，颜阖避之唯恐不及，这与曹商之流为求富贵而为人舐痔，形成鲜明的对比。前者高洁可敬，后者肮脏可恶！

屠羊说也是有名的隐士，坚决不受楚昭王的赏赐，宁愿以屠羊为业。《让王》文中写道：

> 楚昭王失国，屠羊说走而从于昭王。昭王反（返）国，将赏从者，及屠羊说。屠羊说曰："大王失国，说失屠羊。大王反（返）国，说亦反（返）屠羊。臣之爵禄已复矣，又何赏之有？"王曰："强之。"屠羊说曰："大王失国，非臣之罪，故不敢伏其诛；大王反（返）国，非臣之功，故不敢当其赏。"

这里屠羊说反复陈说理由，拒不受赏。甚至在楚昭王强令他受赏时，他仍据理力争。后来楚昭王要接见他，他又以楚国的法律"必有重赏大功而后得见"为据辞之。这使楚昭王更为感动，觉得屠羊说"居处卑贱而陈义甚高"，要"延之以三旌之位"。屠羊说又推辞说：

> 夫三旌之位，吾知其贵于屠羊之肆也；万钟之禄，吾知其富于屠羊之利也。然岂可以贪爵禄而使吾君有妄施之名乎？说不敢当，愿复反（返）吾屠羊之肆。

屠羊说既不受赏，也不见楚昭王，表现了高尚的节操。

"三旌之位"即卿位，所谓"一命而士，再命而大夫，三命而卿"。卿位与屠羊之肆相比，万钟之禄与屠羊之利相比，有天壤之别，不可同日而语。但屠羊说对此毫不动心，甚至冒着抗命获罪的危险，坚辞不受，而把屠羊之肆作为其安身立命之处。

孔的学生曾子（名参），在《让王》篇中也是隐士，安贫乐道。

> 曾子居卫，缊袍（乱麻作絮的袍子）无表，颜色肿哙（肿而有病色），手足胼胝，三日不举火，十年不制衣。正（整）冠而缨（系帽绳）绝，捉衿（襟）而肘见（现），纳屦（穿鞋）而踵决（鞋跟裂断）。曳纵而歌《商颂》，声满天地，若出金石。天子不得臣，诸侯

不得友。

这个故事讲得有声有色,豁然大度的曾子跃然纸上。

曾子的日子过得十分艰难。"三日不举火",可能是缺柴少米,故饿得面部浮肿且有病色。"十年不制衣",因而穿得旧而破。一件用乱麻作絮的袍子,连外罩也没有。一整帽子,系帽子的绳就断了;一拉衣襟,臂肘就露出来了;一提鞋,鞋跟就断裂了。即使这样,曾子还要亲自劳动,手脚都磨出一层厚厚的茧子。

然而,身处窘境的曾子豁达乐观,毫无苦恼。他放声高歌《商颂》。《商颂》是《诗经》的一部分,其内容多为歌功颂德。《礼记·乐记》中说:"肆直而慈爱者,宜歌商。"看来,曾子是个豪爽正直且有爱心的人。他唱《商颂》的歌声嘹亮响彻云霄,清脆如金石相击,令天下人赞叹不已。

"天子不得臣,诸侯不得友",其中一个"得"字最传神。"得"表示客观情况不允许,不是主观上不努力。曾子高洁的人格,为世人景仰,诸侯乃至天子也要附庸风雅;但是,曾子对他们不屑一顾,因而说"不得"。

原宪也是孔子的学生,同曾子一样,身居陋室但气节甚高。《让王》文中描绘说:

原宪(字子思)居鲁,环堵之室,茨(用草苫房)以生草,蓬(一种草)户不完,桑以为枢(门轴)而瓮牖(窗),二室,褐以为塞,上漏下湿,匡(正)坐而弦歌。子贡乘大马,中绀(红青色)而表素(白色),轩车不容巷,往见原宪。原宪华冠縰(屣)履,杖藜而应门。子贡曰:"嘻!先生何病?"原宪应之曰:"宪闻之,无财谓之贫,学而不能行谓之病。今宪贫也,非病也。"子贡逡巡而有愧色。原宪笑曰:"夫希世而行,比周而友,学以为人,教以为己,仁义之慝,舆马之饰,宪不忍为也。"

原宪和子贡两个老同学相见,本应该亲热一番,共叙同窗之谊,却因志不同而道不合，一见面就话不投机，原宪把子贡狠狠地批评了一顿。

原宪的贫困和子贡的富贵形成了鲜明对比：原宪的居室狭小，草房顶上长出高高的青草，蓬草编成的小门有好几个破洞，门轴用桑树条代替，用破瓮作窗口，一室两分，用粗布烂衣隔开，屋顶漏雨，地面返潮。因原宪所居小巷太窄进不了轩车，子贡只好乘着大马来到原宪家门前。

这时，原宪正端坐在门口，一边弹琴一边唱歌，听说老同学来了，赶紧出来迎接。原宪一看子贡，衣饰华丽，里衣红青色，外衣白色。子贡一看原宪，头戴一顶烂开花的帽子，脚穿露出脚趾的破鞋，手拄一根藜杖。两人互相打量，都很惊讶。他们谁也没料到，几年不见，对方竟成了如此模样。

还是子贡打破了尴尬，但他一句"先生何病"，招来了原宪的挖苦和讽刺。原宪说"无财谓之贫，学而不能行谓之病"，意思是说自己虽然没钱，但不失节，只能称贫；而子贡学到的东西不能实践，是失节行为，才是真正的"病"。原宪关于"贫"和"病"的辨析，击中了子贡的要害，使之羞愧得无地自容、逡巡后退。

"希世而行，比周而友，学以为人，教以为己"，是原宪对名利之徒的揭露和抨击，不仅仅指子贡一人。名利之徒，善于看风使舵，拉帮结伙，搞小山头、小宗派，狼狈为奸。这种人学习是为了抬高自己的身份，而不准备去实行，口头上说一套，做起来又是另一套，表里不一，阳奉阴违。如果教学的话，这种人又以抬高自己的声誉为目的，因而哗众取宠、虚张声势，对当权者无耻吹捧，对耿介之士造谣污蔑，卑鄙至极！

四、垂范千古

在长期处于君主专制的中国封建社会里，中国的知识分子所热衷的仕途，是一条"难于上青天"的蜀道。君主专制制度本身就是套在知识分子头上的枷锁,再加上朝廷权贵的控制和门阀势力的垄断,使他们很快从失望到绝望,发出"举杯断绝歌路难"的悲叹。

而一部分步入仕途的知识分子,当他们发现自己陷身于一个腐臭熏天、乌烟瘴气的"酱缸"时,便感到莫大的耻辱和悲哀。

所以,在中国特殊的封建社会环境里,庄子笑傲权贵、敝屣功名而追求独立人格和自由的节操,垂范于中国历史士林,并形成了一种优良的传统。这种传统,历经两千多年而不衰。兹略举数例:

建安时期,早年"任意而行,不自雕励"的曹植,颇有"戮力上国,流惠下民;建永世之业,流金石之功"的宏伟抱负。但他在早年的作品《七启》中,假托玄微子的名义,表达了他对庄子笑傲权贵、敝屣功名的节操的仰慕。他说:

> 夫太极之初,浑沌未分,万物纷错,与道俱隆。盖有形必朽,有迹必穷。茫茫元气,谁知其终? 名秽我身,位累我躬。窃慕古人之所志,仰老庄之遗风。假灵龟以托喻,宁掉尾于涂中。

曹植自称"仰老庄之遗风",这段文字从思想到语言,无不出于《庄子》。

"茫茫元气,谁知其终"一句,问得好! 其终者,唯有虚无之道。人来于虚无,归于虚无,那名声和地位对人有什么必要呢! 故曹植有"名秽我身,位累我躬"的感慨。

曹植是曹操之子,养尊处优,与庄子穷困潦倒的处境迥然不同。但是,统治阶级内部争权夺利,"一个个像乌眼鸡似的,恨不得你吃了我、我吃了你",使他对名位厌倦了,因而悟得了庄子灵龟之喻的真意,"宁掉尾于涂中"了。

正始时期的阮籍,在其青少年时代曾怀有强烈的进取心和流芳千古的抱负。《晋书·阮籍传》中这样描绘他:"志气宏放,胸怀高远,有济世之志。""尝登广武,观楚汉战场,叹曰:'时无英雄,使竖子成名。'"他还曾在《咏怀》(三十八)中讥笑庄子说:"视彼庄周子,荣枯何足赖。捐身弃中野,乌鸢作患害。岂若雄杰士,功名从此大!"然而,到司马氏以杀伐手段夺取了曹魏政权,又以虚伪的"名教"为工具实行黑暗的政治统治时,他幻想的功名化为了泡影。于是,他的态度来了个一百八十度的大转弯,开始不满现实,进而鄙视庸俗猥琐、趋炎附势的礼法之士,仰慕庄子独立的人格和自由精神。他写的《大人先生传》,对名利之徒的无耻和卑鄙做了无情的挞伐,颇有庄子之风。

嵇康与阮籍同时,公开声称以老庄为师,言行更为激烈。他在著名的《与山巨源绝交书》中,对山涛卖身投靠权贵的卑劣行径嬉笑怒骂,明确表示了自己不与统治者同流合污的决心。

陶渊明生活在晋、宋之际,当时政治更加腐败。他曾出入于儒、道之间,在"仕"与"隐"之间徘徊。最后,昏暗的官场生活使他彻底绝望了。他毅然与现实决裂,高唱"归去来兮,请息交以绝游。世与我而相违,复驾言兮焉求",而归隐田园。

"世与我而相违",大概就是庄子所说的"时命大谬"吧。在污浊的官场和清白的人格不可调和的冲突中,陶渊明选择了后者,因而流芳百世。

唐代大诗人李白的诗歌,曾发出"大鹏一日同风起,扶摇直上九万里。假令风歇时下来,犹能簸却沧溟水"的千古绝唱;但更多的是笑傲权贵、敝屣功名的篇章,例如"黄金白璧买歌笑,一醉累月轻王侯",又如"作人不倚将军势,饮酒岂顾尚书期",也有"人生在世不称意,明朝散发弄扁舟"一类的咏叹。

最后需要指出的是,庄子笑傲权贵、敝屣功名而追求独立的人格和自由的精神,不仅仅为中国的知识分子所弘扬,而且升华为我们民族精神的一部分。

第九章　游世艺术

——"处乎材与不材之间"

　　庄子行于山中，见大木(树)，枝叶盛茂。伐木者止其旁而不取也。问其故，曰："无所可用。"庄子曰："此木以不材得终其天年。"夫子(庄子)出于山，舍于故人之家。故人喜，命竖子(童仆)杀雁(鹅)而烹之。竖子请曰："其一能鸣，其一不能鸣，请奚杀？"主人曰："杀不能鸣者。"明日，弟子问于庄子曰："昨日山中之木，以不材得终其天年；今主人之雁，以不材死。先生将何处？"庄子笑曰："周将处乎材与不材之间。"

　　庄子答弟子之问，机智幽默，潇洒自然。

　　庄子一笑，是会心的一笑。本来世间万物"材"与"不材"，都是相对而言，而且因时空条件的不同而彼此转化，可这个偏执的弟子非要先生选择其一。

　　"处乎材与不材之间"，反映了庄子处世的灵活性和辩证法思想，以及由此在充满矛盾的人间世对人生的把握。而庄子处世的灵活性和辩证法思想，可以概括为一个"游"字，所以，只要掌握了游世的艺术，就像鱼归大海、鸟翔高空，无论人间有多少虎豹豺狼和高山险滩，都畅通无阻、平安无事。

一、从"庖丁解牛"谈起

　　"庖丁解牛"出自《养生主》，是一则著名的寓言故事。

　　庖丁为文惠君解牛。手之所触，肩之所倚，足之所履，膝之所

踦(倚，抵住)，砉然响然，奏(进)刀騞然，莫不中音(音乐)，合于
《桑林》(汤时乐曲名)之舞，乃中《经首》(尧时咸池乐曲中的一
章)之会(音节)。

这庖丁哪里是在解牛，分明是伴着尧时的《经首》乐曲在跳汤时的
《桑林》之舞！庖丁举手投足，优美不亚于赵飞燕、杨贵妃的舞姿；庖丁
进刀发音，动人不亚于贝多芬、莫扎特的钢琴流出的乐曲。

庖丁的表演天衣无缝、淋漓尽致，文惠君看得如醉如痴，情不自禁
地拍案叫绝：

> 文惠君曰："嘻，善哉！技盖(何)至此乎?"庖丁释刀对曰：
> "臣之所好者道也，进乎技矣。始臣之解牛之时，所见无非牛者；
> 三年之后，未尝见全牛也；方今之时，臣以神遇而不以目视，官知
> 止而神欲行。依乎天理，批大郤(筋骨间的空隙)，导大窾(骨节
> 间的窍穴)，因其固然。技(枝)经肯(附在骨头上的肉)綮(筋骨
> 连接的地方)之未尝，而况大軱(髀骨)乎！良庖岁更刀，割也；族
> (多数)庖月更刀，折也；今臣之刀十九年矣，所解数千牛矣，而刀
> 刃若新发于硎(磨刀石)。彼节者有间而刀刃者无厚，以无厚入有
> 间，恢恢乎其于游刃必有余地矣。是以十九年而刀刃若新发于
> 硎……文惠君曰："善哉！吾闻庖丁之言，得养生焉。"

庖丁以"进乎技"之"道"，回答文惠君"技盖至此"的提问。

庖丁解牛，经历了三个阶段。一是"所见无非牛者"阶段，即对牛
的生理结构还不了解的阶段。二是"未尝见全牛"阶段，这时庖丁对牛
的生理结构已经了如指掌，故动刀时只考虑牛身体的结构关系，而不
注意牛的整体。三是"以神遇而不以目视，官知止而神欲行"阶段，这
时其对牛的生理结构已经烂熟于心，不需要用眼睛去看了。因而在解
牛时，所有感官都停止活动，只有精神与解牛的动作同步进行。这是
出神入化的阶段，手与心的距离消失了，庖丁从此走出必然而进入了
自由的天地。他顺着牛的生理结构，刀击筋骨之间，刺向骨节之内，从

未碰到经络筋骨联结的地方,更不用说砍到大块骨头上了!

较好的厨工一年换一把刀,一般的厨工一个月就要换一把刀,而庖丁用的刀十九年解牛数千,却依旧像刚刚磨过一样。这是因为他们的用刀之法不同。庖丁用刀是"游",以无厚的刀刃在有空的关节之间游来游去,如鱼得水,不仅碰不到关节上,而且宽宽绰绰并有回旋之地。而一般的或较好一点的厨工,不是割就是折,刀刃不时撞击筋骨,所以刀很快就坏了。

庖丁的解牛刀十九年常新,得力于他的"游刃"之法。而"游"的功夫,是庖丁十九年求道并且得道的结果。"游刃"不是技术,而是艺术,达到了出神入化、鬼斧神工的境界。

文惠君听完庖丁的故事,顿有所悟,他高声喊道:"吾闻庖丁之言,得养生焉。"意思是,他从庖丁的话中,悟出了养生之道。

文惠君悟出的养生之道包括哪些内容,说者或谓专指养神,不可从。因为《养生主》篇中开头就说得明白:"为善无近名,为恶无近刑,缘督(刑、名之间)以为经,可以保身,可以全生,可以养亲,可以尽年。"养生包括"保身",且是第一位的,所以,文惠君所说的养生之道,也包括安身立命的处世之道。

另外,庖丁解牛是一个流传很广的故事。其寓意仁者见仁,智者见智。《管子·制分》谈兵,用它来说明用兵攻敌要乘虚而入,不过把解牛者叫作"屠牛坦"。《吕氏春秋》把它和伯乐相马的故事相提并论,以论证精神专一的作用。《淮南子·齐俗》用它来论证:同一个东西,由于用它的人不同、用法不同,效果就不一样。但在具体的文章里,它的寓意必须是明确的。

从庖丁解牛的故事中探索处世之道,可得以下三点:

第一,处世要求道。大千世界,人间万事,纷纷扰扰,变动不居,初看似如全牛、混沌一片;但深入体会,认真分析后,便会发现其中有"道",有规律可循,就像牛的身体一样,固然有经络筋骨联结的地方,甚至有大块的骨头，但有"天理"。

第二，在了解世情、把握规律的基础上，确定"游刃"的路线。为避祸免患，要击虚避实，躲开人间世的"技经肯綮"和"大軱"，专门以"无厚入有间"。明确地说，就是"为善无近名，为恶无近刑，缘督以为经"，即在"刑"与"名"之间游来游去。因为有"名"则失性，犯"刑"则伤身。

第三，处世犹如解牛，"游刃"必有余地，必须由技进乎道，且不可以玩弄雕虫小技而沾沾自喜。

由此可见，庄子借庖丁解牛的故事，大谈处世哲学，而且以庖丁出神入化、鬼斧神工的解牛表演，展现了他处世的艺术心态。如果得庄子处世之道的精华，人就会像庖丁手中的解牛刀那样，击虚避实，在人间世游来游去，安然无恙。

二、神人不材

《人间世》一文，专论处世之道或游世艺术，简直是庄子的一篇处世哲学导言。我们在本文开头提到的"材"与"不材"，在《人间世》文中被反复论述。

先看，"不材"的例子：

> 匠石之（往）齐，至于曲辕（地名），见栎（树名）社树（被拜为土地神的树）。其大蔽数千牛，絜（用绳子量）之百围，其高临山十仞而后有枝，其可以为舟者旁（方，且）十数。观者如市，匠伯不顾，遂行不辍（止）。弟子厌观（饱看）之，走及匠石，曰："自吾执斧斤以随夫子，未尝见材如此其美也。先生不肯视，行不辍，何邪？"曰："已矣，勿言之矣！散木也。以为舟则沉，以为棺椁则速腐，以为器则速毁，以为门户则液樠，以为柱则蠹（生蛀虫而被蛀蚀），是不材之木也。无所可用，故能若是之寿。"

这株被拜为土地神的栎树高大无比，树冠遮蔽几千头牛，树干周长百围,树高出山顶十仞,树枝可造舟的将近十枝,以致观者如市。匠石的弟子视之为前所未见之美材,匠石却不屑一顾。

究其原因,是匠石早知栎社树是"散木",即不材之木,"以为舟则沉,以为棺椁则速腐……"。但是,匠石发现了栎社树能"若是之寿"的原因是"无所可用"。也就是说,栎社树之所以长得高大无比且如此长寿,是因其无用。

匠石归,栎社见梦曰:"女将恶乎比予哉?若将比予于文木邪?夫柤梨橘柚果蓏之属,实熟则剥。剥则辱;大枝折,小枝泄(通"抴",即为"曳",拉扭)。此以其能苦其生者也。故不终其天年而中道夭(折),自掊击于世俗者也。物莫不如是,且予求无所可用久矣!几(几乎)死,乃今得之,为予大用。使予也而有用,且得有此大也邪?且也若与予也皆物也,奈何哉其相物也?而几死之散人,又恶知散木?"匠石觉而诊其梦。弟子曰:"趣(趋)取无用,则为社何邪?"曰:"密,若无言,彼亦直寄焉!以为不知己者诟厉(辱骂)也。不为社者,且几有剪乎!且也彼其所保与众异,而以义(常理)喻之,不亦远乎!"

栎社托梦,道出"文木"即成材之木不能终其天年的原因,以及无用为大用的道理。

"以其能苦其生者",即因其才能有用而使自己终生受苦者,何止"柤梨橘柚果蓏之属",万物莫不如此。一旦被发现有用,必然备受摧残。而摧残者的手段残忍,无所不用其极。如"柤梨橘柚果蓏之属",不仅果实成熟后遭剥见辱,而且牵连大枝小枝。

由此可见,物一旦被发现为材可用,就身处险境而在劫难逃了。有大材者受大摧残,有小材者受小摧残。或以为自己有才而被重视是大好事,于是就得意忘形,不知所以,但实际上成了被重点摧残的对象。众人争先下手,甚至杀鸡取卵,非欲置之死地瓜分完毕而后快!

栎社说:"故不终其天年而中道夭,自掊击于世俗者也。"把物遭打击归咎于其自身,虽属偏激之词,但不无道理可论。物竞相成材,成材则引人注目,引人注目则必被人用。早成材,快成材,必然"不终其天年而中道夭"。此即"自掊击于世俗者也",或谓自取灭亡。

栎社真是智者,大彻大悟,长期追求无用而不追求成材。所以,尽管几次劫后余生,险些被伐掉,但栎社终于实现了无用的愿望,因而兴奋不已。栎社的价值观与众相反,众物皆以成材有用为荣,苦苦追求,由此招致了灭顶之灾的早日来临。而栎社追求的是不材无用,故"得有此大"。简言之,众物以有用为大用,而栎社以无用为大用。

"趣取无用,则为社何邪?"这是弟子在匠石占梦时提出的疑问,意思是说:"既然栎树追求无用,那为什么去做起土地神呢? 做土地神不就有用了吗?"匠石解释,栎树为社,只是挂个牌子保护自己罢了。因为在一般人眼里,栎树还是有用的,例如匠石的弟子,就视其为前所未见的美材。所以,栎树为社"以为不知己者诟厉",才免于被砍伐之灾。这有点像我们今天保护古树,主管单位挂一个牌子,上面写明不许人砍伐或破坏。

做到无用且不为人所用,是多么艰难! 本来无用,却被人误以为有用,于是只好挂个招牌,任人辱骂。所以无用者不仅不材,甚至有时会生有毒素。

> 南伯子綦游乎商之丘,见大木焉,有异:结驷千乘。隐,将芘其所藉(荫)。子綦曰:"此何木也哉! 此必有异材夫!"仰而视其细枝,则拳曲而不可以为栋梁;俯而视其大根(树干下部),则轴(中心)解而不可以为棺椁;咶(舐)其叶,则口烂而为伤;嗅之,则使人狂酲三日而不已。子綦曰:"此果不材之木也,以至于此其大也。嗟乎,神人以此不材。"

这商之丘的大树,跟匠石在曲辕所见的栎社树一样,都是不材之木。但就其不材来说,前者比后者有过之而无不及。

曲辕的栎社树,实际不材而表面上看来是美材,故匠石的弟子惊羡不已,生砍伐意。这商之丘的大树则大不相同,它不仅细枝拳曲不能做栋梁,主干松散不能为棺椁,而且有剧毒伤人,舔其叶者烂口,嗅其味者大醉如狂三日不愈,谁还敢近之! 故子綦惊叹:"此果不材之木也!"一个"果"字最为传神。此木不仅不材无用,而且使人根本不敢用,有很强的自卫能力。

"神人以此不材",一语道破真机。"醉翁之意不在酒",庄子反复申论木之不材、以无用为大用,意在以此喻为人处世之理。神人取法自然,以不材处世,以无用为大用,故能避祸除患、颐养天年。

上面举不材的例子,已涉及"材之患"的内容,下面再举一个"材之患"的例子:

> 宋有荆氏(地名)者,宜楸柏桑。其拱把而上者,求狙猴之杙(木桩)者斩之;三围四围,求高名之丽(栋梁)者斩之;七围八围,贵人富商之家求樿傍(单幅板的棺材)者斩之。故未终其天年而中道之夭于斧斤,此材之患也。故解(祷)之以牛之白颡(额)者,与豚之亢(高)鼻者,与人有痔病者,不可以适(往)河。此皆巫祝以知之矣,所以为不祥也。此乃神人之所以为大祥也。

这个例子旨在说明材为患、不材为祥。

楸、柏、桑三种树木,粗到两手合握,就屡屡遭劫。先是养猴的伐之做木桩拴猴,然后是造房的伐之做栋梁,再然后是贵人富商之家伐之做棺材。这三种人,只是举例而已。其实,凡成材之木,无时不被人觊觎,因而随时有被人砍伐的危险。"材之患"是无法免除的,因为材与患并生,直到材被用为止。

同理,人一成才,患亦并至,只不过人才之患比木材之患更甚。这是上述寓言的共同寓意。

前面的例子中,曾提到"牛之白颡者,与豚之亢鼻者,与人有痔病者",因其"不可以适河",即不能作为祭品丢到河里去,而幸存下来。在巫祝的眼里,白额的牛、高鼻的小猪、生痔疮的人,都是不祥之物,但这些不祥之物恰恰因其不祥而幸存下来,故神人以不祥为大祥。

树之不材者存身相当容易,人要不才却相当困难。这是因为,树是自在之物,而人是有自控能力的,有追求知识、追求进步的本能。所以,庄子所主张的以"无用为大用"处世,主要不是"支离其形",而是"支离其德"。他举例分析说:

> 支离疏者,颐隐于齐,肩高于顶,会撮(髻鬟,发髻)指天,五管(五脏之腧)在上,两髀为胁,挫(拿)针治繲(旧衣),足以糊口;鼓筴(箸草)播精,足以食十人。上征武士,则支离攘臂于其间;上有大役,则支离以有常疾不受功;上与病者粟,则受三钟与十束薪。夫支离其形者,犹足以养其身,终其天年,又况支离其德者乎!

支离疏是假设的人名,取支离破碎的意思,以示形体不健全。

支离疏残疾在身,相貌丑陋得让人恶心,他不仅靠为人缝补旧衣养活了自己,而且还占卜算卦,虽然骗钱不算光彩,但是足以供养十个人。更令人羡慕的是,他因残疾不仅不用去当差,而且得到了官方的救济,米三钟,柴十把。

支离其形者足以养其身而终其天年,自由自在地游于人间,但不可能人人都支离其形。庄子本人是不愿意看到也不能做到支离其形的。

"支离其德",就是使其道德在世俗看来是不正常的,有毛病的。与世俗格格不入,被世俗认为是狂人、是疯子,一无所用,就不会被人所用,从而免于祸患,自由自在地游于人间。

所谓"神人不才",就是"支离其德"。被世俗看作无用,对自己正是大用。庄子一发现这个道理,就对芸芸众生大喊起来:

> 山木,自寇也;膏火,自煎也。桂(桂枝)可食,故伐之;漆可用,故割之。人皆知有用之用,而莫知无用之用也!

庄子慷慨地把他的发现公诸于世,但两千多年来,人世沧桑,渺茫难求,一代一代的芸芸众生中,到底有多少人是他的知音呢?

三、"入游其樊"

庄子对当时社会的认识，其深刻程度独一无二。《山木》篇中记述：

> 庄子衣大布（粗）而补之，正廓（腰带）系履而过（访）魏王。魏王曰："何先生之惫（疲乏）邪？"庄子曰："贫也，非惫也。士有道德不能行，惫也；衣弊（破）履穿，贫也，非惫也，此所谓非遭时也。王独不见夫腾猿乎？其得柟（楠）梓豫章也，揽蔓（攀）其枝而王长其间，虽羿、蓬蒙不能眄睨（斜视）也。及其得柘棘枳枸之间也，危行侧视，振动悼（惧怕）栗（战栗），此筋骨非有加急而不柔也，处势不便，未足以逞其能也。今处昏上乱相之间而欲无惫，奚可得邪？此比干之见剖心，征也夫！"

"今处昏上乱相之间"，是对当时社会的真实写照。"此比干之见剖心，征也夫"，是把当时和殷朝末年相提并论，把当时的"昏上"和历史上有名的暴君殷纣相提并论。

庄子对"贫"和"惫"的辨析，表现了其对现实政治和"昏上乱相"的强烈不满。"腾猿"处势前后形成的对比，表现了"今处昏上乱相之间"的艰难。欲无惫而不得，昏相乱相执政，使多少人才穷困潦倒，才华埋没！

更为严重的是生存受到严重威胁，世道如"柘棘枳枸之间"，"昏上乱相"如虎豹豺狼，要避祸免患，非有高超的游世艺术不可。《人间世》文中就游世艺术举了不少例子。

颜回从其师仲尼（孔子）那里得"心斋"之法，师生二人有这样一段对话：

> 颜回曰："回之未始得使（受心斋之法），实自回也；得使之也，未始有回也，可谓虚乎？"夫子曰："尽矣！吾语若；若能入游其樊而无感其名，入则鸣，不入则止。无门无毒，一宅而寓于不得已

则几矣……"

这段话也出自《庄子·人间世》,背景是:卫君无道,置民于水火。颜回要去卫国说服卫君。行前,他请其师仲尼指教,仲尼授之"心斋"之法。所谓"心斋",实即一个"虚"字,"虚心若镜",排除一切私心杂念。

"入游其樊而无感其名",谓入游卫国而不为名利动心。以"樊"比喻卫国,真是形象极了! 老百姓挣扎在水深火热之中,不是牢笼又是什么! 人世祸患,多来自争名逐利。孔子争名,因而"再逐于鲁,伐树于宋,削迹于卫,穷于商周,围于陈蔡之间",十四年惶惶然不可终日,累累若丧家之犬。逐利之徒,正如"螳螂捕蝉,异鹊在后"所讽刺的那样,一见有利可图,便两眼死死盯住,舍命相争,不知身后有人正要谋害自己。故其得意忘形之时,实为灭顶之灾降临之际。

"入则鸣,不入则止",是仲尼告诫颜回"入游其樊"后要随机应变,看风使舵,且不可不知进退。

"无门无毒",也是一个妙不可言的比喻。颜回曾引用其师仲尼的话——"医门多疾",表示自己要去救治卫国。"无门无毒"就是针对颜回自以为有回天之术说的。颜回以医师自比,企图把卫国的病症治好,以求功名,颇为自负。"无门",是说不要摆出医师的门面;"无毒",是说不要把自己的主张看作治病的药方。"一宅而寓于不得已"是"无门无毒"的注解,意思是托心于无可奈何的境地,与世无争。

《庄子·山木》文中,孔子被围于陈蔡之间,七天没吃到熟食,大公任慰问他时说:

> 予尝(试)言不死之道。东海有鸟焉,名曰意怠。其为鸟也,翂翂翐翐(飞行迟缓貌),而似无能,引援(跟随)而飞,迫胁(挤在中间)而栖(息);进不敢为前,退不敢为后;食不敢先尝,必取其绪(剩余)。是故其行列不斥(排斥),而外人卒不得害,是以免于患。直木先伐,甘井先竭(干涸)。子其意饰知(智)以惊愚,修身

以明污。昭昭乎如揭（举）日月而行，故不免也。

大公任的意思是，与世无争，患不及身；出人头地，患不可免。

东海意怠之鸟，笨拙无能，飞时跟在后面，栖息时夹在中间，进不敢前，退不敢后，食不敢争先，只捡点剩粒。但这种鸟活得太太平平，同群之鸟不排斥，外人不得加害，因为其似无能而且与世无争。

相反，直木成材，故先被砍伐；甘井水美，故先干涸。同理，人有意修身洁行而使别人显得污浊，有意美化心智而使别人显得愚蠢，这就像举着日月炫耀自己，使自己成为众矢之的，故患不可免。俗语说"人怕出名猪怕壮"，讲的也是这个道理。

在《庄子·人间世》中，叶公子高将使于齐，行前求教于孔子，提到人之患有两种：一种为"人道之患"，即人事之患；另一种为"阴阳之患"，指喜怒哀乐等情感变化导致的阴阳失调，伤害身心。孔子以"行事之情而忘其身"答之，意思是从实际出发，不以物喜，不以己悲。其后又说：

> 丘请复以所闻：凡交近则必相靡（亲）以信，远则必忠之以言。言必或传之。夫传两喜两怒之言，天下之难者也。夫两喜必多溢美之言，两怒必多溢恶之言。凡溢之类妄，妄则其信之也莫（漠，淡漠），莫则传言者殃。故法言（格言）曰："传其常情，无传其溢言，则几乎全。"且以巧斗力者，始乎阳，常卒乎阴，泰至则多奇巧；以礼饮酒者，始乎治，常卒乎乱，泰至则多奇乐。凡事亦然，始乎谅，常卒乎鄙；其作始也简，其将毕也必巨。言者，风波也；行者，实丧也。夫风波易以动，实丧易以危。故忿设无由，巧言偏辞。兽死不择音，气息茀（通"勃"）然于是并生心厉。剋核太至，则必有不肖之心应之而不知其然也。苟为不知其然也，孰知其所终！故法言曰："无迁令，无劝成。过度益也。"迁令劝成殆事。美成在久，恶成不及改，可不慎与！且夫乘物以游心，托不得已以养中，至矣。何作为报也！莫若为致命，此其难者？

这里，孔子讲的是在两者之间传言的艺术，并以古代格言证之。

游于两者之间而传言，要使双方都高兴或恼怒，一般无法做到。如果传言者说谎，添油加醋，一旦被人发现，则殃及自身，故要"传其常情"而不传那些导致两喜两怒的溢言。所谓"常情"，即基本内容。

格言"无迁令，无劝成"，是从反面表达"传其常情"的意思。传言切忌主观行事，不要为促使双方成事而妄改"常情"。"言者，风波也；行者，实丧也"，其意是说，言则风波起，作则得失生，一切顺其自然罢了。

还是在《人间世》文中，颜阖将要做卫灵公的太子的老师，上任之前，就向卫国的贤大夫蘧伯玉请教说："卫太子天生残暴，嗜杀人。如果对他不讲原则，就会危害国家；如果对他讲原则，就会危害自身。这个家伙的智力仅能够了解人的过错，而不能够了解人犯错误的原因。对这样一个顽冥不化的人，我该怎么办呢?"蘧伯玉回答说：

> 善哉问乎！戒（警惕）之慎之，正女身哉！形莫若就，心莫若和。虽然，之（此）二者有患。就不欲入，和不欲出。形就而入，且为颠为灭，为崩为蹶；心和而出，且为声为名，为妖为孽。彼且为婴儿，亦与之为婴儿；彼且为无町畦（约束），亦与之无町畦；彼且为无崖，亦与之为无崖；达之，入于无疵。

蘧伯玉所讲的办法，是游于"有方"与"无方"之间。

"戒之慎之，正女身也哉！"这句话是说与生性残暴嗜杀的卫太子相处时，要时时警惕，处处小心。因为像卫太子一类的家伙，总是喜怒无常、心黑手辣，时刻在威胁着你的生存。一时疏忽，就可能为其吞噬。

"形莫若就，心莫若和"，意思是外表上最好接近他，内心里最好多顺从他。但这样并不能彻底免于患，还要注意掌握分寸才行。这个分寸就是"就不欲入，和不欲出"，意思是接近而不要陷进去，顺之而又不太显露。换言之，就是游于"有方"与"无方"之间，既要有原则，又要无原则,随机应变,看风使舵。

至于必须坚持"就不欲入,和不欲出"的原因,是由于"形就而入,且为颠为灭,为崩为蹶;心和而出,且为声为名,为妖为孽"。这句话大意是说,对卫太子这样的人,如果你在表面上接近他而终于陷入其中不能自拔,就会堕落毁灭、栽大跟头;如果你在内心里顺从他而终于显露出来,就会变成名利之徒,如同妖孽而为人唾弃。简言之,就是既不违逆而丧其身,也不同流合污而丧其德,出入于"有方"与"无方"之间。

怎样运用"就不欲入,和不欲出"的对策呢? 庄子讲得最形象,即所谓"彼且为婴儿,亦与之为婴儿;彼且为无町畦,也与之无町畦;彼且为无崖,亦与之为无崖;达之,入于无疵"和"婴儿""无町畦""无崖"三个比喻。

与卫太子之流周旋,务必注意三点,蘧伯玉一一举例说明之。其一是量力而行,他对颜阖说:

> 汝不知夫螳螂乎? 怒(奋举)其臂以当(挡)车辙,不知其不胜任也,是其才之美者也。戒之慎之,积伐(多次夸耀)而美者以犯之,几矣。

螳螂看到大车隆隆驶来,就想借机显示一下自己的力量,于是奋举其臂以挡车轮,其下场可想而知。有鉴于此,蘧伯玉告诫颜阖说,要警惕,如果自恃其才而炫耀之,肯定会触犯卫太子,这就和螳臂当车差不多了。

其二是顺而不强逆之。蘧伯玉说:

> 汝不知夫养虎者乎? 不敢以生物(活动物)与之,为其杀之(生物)之怒也;不敢以全物与之,为其决(裂)之之怒也。时其饥饱,达其怒心。虎之与人异类,而媚养己者,顺也;故其杀者,逆也。

蘧伯玉以虎比喻卫太子,其实专制统治者上至皇帝,下到小吏,狠毒残暴无不如虎。古代格言中曾有"伴君如伴虎"的说法,为此而丢掉性命的人不计其数。

"虎之与人异类",意即卫太子之流没有人性,故不能以人待之。

虎"媚养己者",顺之者生,逆之者死。这一点是毋庸置疑的。所以,对付卫太子之流,只能"时其饥饱,达其怒心",即密切注视其思想情绪变化,尽量使其在可能发怒时平静下来,因为虎怒就会伤人。

其三是时时警惕,不掉以轻心。蘧伯玉说:

> 夫爱马者,以筐盛矢(屎),以蜄(大蛤)盛溺(尿)。适有蚊虻仆缘(叮咬),而拊(拍打)之不时,则缺衔毁首碎胸。意有所至而爱有所亡(失),可不慎邪?

爱马者爱得无微不至,双手举筐接马粪,用大蛤蜊壳去接马尿,又臊又臭,却乐此不疲。但适有蚊虻叮咬,爱马者上去拍打,以致使马勃然大怒,咬开嚼子,把爱马者踢死。

"意有所至而爱有所亡",好心也未必得好报。所以,必顺其性而不违逆之,时时处处不可掉以轻心。

总之,人生在世,不能不"入游其樊",但必须有"处乎材与不材之间"的辩证观念和灵活性,方能避祸免患,把命运掌握在自己的手里。所以,庄子倡导的游世精神和游世艺术,不仅有深刻的社会批判意义,而且在特定的社会环境中,有一定的价值。当然,也要注意其中的消极成分。

第十章　理想的人格

——"无名""无功""无己"

庄子憧憬美好的人生,他曾在梦中化为蝴蝶,并感慨道:"不知周之梦为蝴蝶与,蝴蝶之梦为周与?"但美梦不长,一觉醒来,他还是他自己,尽管他对此既怀疑又惊奇。

然而,庄子作为一个理想主义者,不仅用浪漫主义的情怀去编织梦幻,而且有坚定的信念和执着的追求。他坚信理想人生的实现在于理想人格的完成,并且矢志不渝。

《逍遥游》是庄子写的一首自由赞歌,其中对理想的人生和理想的人格有这样的描绘:

> 若夫乘天地之正,而御六气之辩,以游无穷者,彼且恶乎待哉! 故曰:至人无己,神人无功,圣人无名。

"天地之正":"正",指自然的本性。"六气之辩":"六气",有人说指阴、阳、风、雨、晦、明,可从;"辩",通"变",指自然的变化。

庄子理想的人生,就是"逍遥游"。具体说来,就是顺着自然的本性,驾驭六气的变化,游向无限的时空。

庄子理想的人格,就是无己、无功、无名;而体现理想人格的人物,是至人、神人、圣人,还有真人。

一、"无名"

"无名",是我们今天常说的一个词,意思是不为人知,例如"无名英雄""无名之辈"。但这个意义上的"无名",跟庄子所说的"无名"似乎没有什么联系。

庄子理想人格中的"无名"，说者或解之为"不求虚名"，亦不确。为求其正解，我们先看《知北游》中无始说的一段话：

> 道不可闻，闻也非也；道不可见，见而非也；道不可言，言而非也！知形形之不形乎！道不当名。

"形形之不形"，意思是有形之物出于无形之道。"圣人无名"中的"圣人"，是体道者，不是儒家所说的圣人。既然"道不当名"，体道的圣人也就自然不可名了。"不当名"，就是不能给予具体的称谓。如果有了具体的称谓，就不是圣人了。

人们或许要问，"圣人"不就是具体的名吗？这个问题提得好，但老子早已把它解释清楚了。老子论道时说："吾不知其名，字之曰'道'，强名之曰'大'。"意思是说，道本来无名，有一个记录它的字是"道"。如果非要个给"道"起个名字，那就叫"大"吧。圣人是道的化身，所以也无名。称之为"圣人"，也是勉强名之。

许由是无名的圣人，《逍遥游》中记述：

> 尧让天下于许由，曰："日月出矣，而爝火不息，其于光也，不亦难乎！时雨降矣，而犹浸灌，其于泽也，不亦劳乎！夫子立而天下治，而我犹尸之，吾自视缺然。请致天下。"许由曰："子治天下，天下既已治也，而我犹代子，吾将为名乎？名者，实之宾也，吾将为宾乎？鹪鹩巢于深林，不过一枝；偃鼠饮河，不过满腹。归休乎君，予无所用天下为！庖人虽不治庖，尸祝不越樽俎而代之矣。"

这段对话不仅充满了艺术情趣，且更富于哲理。双方彬彬有礼，谈吐优雅，比喻形象，互诉心曲。

尧是我国古代一位贤明的君主，他诚心诚意地要把君主之位让给许由，因为许由是他的老师，且德高望重。他打比方说，日月出来了，光照天地之间，这时还燃着火炬，那一点点光亮实在难以显示出来啊！应时之雨已降，滋润大地，这时还灌溉田地，那一点点润泽不是徒劳的吗！这里，尧把许由比作高空的日月，而自喻是小小的火炬；把许由比作滋润大地的及时雨，而自喻是灌溉之水。所以，他自视其做君主的资格还不够，要把天下交给许由。

许由不受，他很坦率地对尧说："你做君主，已经把天下治理得很好了。如果我取代你做君主，就有了名了。名从属于实，因此我不能有名。"他打比方说，他自己就像鹪鹩（巧妇鸟），在深山老林独占一枝筑巢就可以了；又像偃鼠，在河里饮水只求半腹就可以了。所以，天下对他一点用处也没有。最后，他把自己比作尸祝，把尧比作庖人，强调他不会越俎代庖，即不会代尧去做君主。

"吾将为宾乎"是一个反问句，言外之意，是许由不愿意有治天下之名。其理由是"名者，实之宾也"，即"名"与"实"相对，有名就有实，有实就有名。

尸祝不越俎代庖，只求安分守己；鹪鹩筑巢一枝，偃鼠饮水半腹，只求安身立命。而圣人则应有更高的境界——"无所用天下"，即无用于天下。许由一旦受了君主之位，则须行天子之实；一有天子之实，即得天子之名。这就违背了"道不当名"，"当名"则失道，"失道"就成了凡夫俗子，不能称为圣人了。

弄清了许由不受天下的原因，"无名"的含义就不难理解了。所谓"无名"，即"无所用天下"。唯有无用于天下，才能不为天下人所认识、所利用，才能保持独立的人格，不沦为价值工具。

"圣人无名"，即圣人无用于世，既不求名，也不求实。

二、"无功"

"神人无功"，说者或解释"无功"为不求功利，其实并不尽解庄子之意。在《逍遥游》篇中，肩吾和连叔有一段关于神人的对话，有助于理解"无功"，兹摘录如下：

> 肩吾问于连叔曰："吾闻言于接舆，大而无当，往而不反。吾

惊怖其言犹河汉而无极也，大有径庭，不近人情焉。"连叔曰："其言谓何哉？"曰："'藐姑射之山，有神人居焉。肌肤若冰雪，淖约若处子；不食五谷，吸风饮露；乘云气，御飞龙，而游乎四海之外；其神凝，使物不疵疠而年谷熟。'吾以是狂而不信也。"连叔曰："然，瞽者无以与乎文章之观，聋者无以与乎钟鼓之声。岂唯形骸有聋盲哉？夫知亦有之。是其言也，犹时女也。之人也，之德也，将旁礴万物以为一，世蕲乎乱，孰弊弊焉以天下为事！之人也，物莫之伤，大浸稽天而不溺，大旱金石流、土山焦而不热。是其尘垢秕糠，将犹陶铸尧舜者也，孰肯以物为事！"

肩吾、连叔、接舆三人，都是传说中的人物，未必确有其人。

接舆所描绘的神人，有如下特征不同于凡人：一是相貌肌肤像冰雪一样光洁白嫩，体态像处子一样婀娜多姿；二是饮食，不食五谷，吸风饮露；三是处境，驾驭飞龙于云气之上，在四海之外遨游；四是能力，其精神专一凝聚，能使万物不受病害，年年五谷丰登。可见，神人非现实之人。所以，出于世俗之见，肩吾对接舆关于神人的描绘，一听就"惊怖其言犹河汉而无极"，觉得"大而无当，往而不返"。

连叔认为肩吾不理解接舆关于神人的描绘，是认识上的"聋子"和"盲人"。他所描绘的神人，具有超自然的力量。因为神人"将旁礴万物以为一"，即齐同万物，把万物看作一个整体，因而不肯忙忙碌碌地去管世俗的琐事。又因为神人"物莫之伤"，即没有任何东西能伤害他，洪水滔天而不溺于水，金石熔化、土山焦干而不感到热，所以不会把世间事物当成一回事。

"是其尘垢秕糠，将犹陶铸尧舜者也"，这是把儒家尊奉的圣人尧、舜和神人做了比较。而得出的结论使人大吃一惊：体现儒家人格理想的尧舜，仅仅是神人的尘垢秕糠而已！

"孰弊弊焉以天下为事"，"孰肯以物为事"，说者或以为这两句话最能体现"神人无功"的思想，颇有见地。但是，把它们解释成不求功名,则失之肤浅。这两句话,意同许由的"予无所用天下为",即"不为物役",不仅不求功名,而且不做任何具体的事情。

有人可能会问,神人"使物不疵疠而年谷熟""将旁礴万物以为一",不都是具体的工作吗? 要明确回答这个问题,我们有必要先分析一下凡人的工作与神人所为在性质上的不同。

凡人的工作是具体的、有形的,农民种田、瓦匠修房子、裁缝做衣服等,都需借助特定的生产工具,作用于特定的劳动对象。而神人所为,是助成万物的自然生长,把纷乱不齐的万物融为一体,使之运行在大道的轨迹上。万物对道的依赖关系,就体现在神人身上。

可见,大道对万物的作用没有任何具体表现方式,所以说"神人无功"。

三、"无己"

"无己",顾名思义,就是没有自己。但没有了自己,主体就不存在了,"至人无己"还有什么意义呢? 显然,庄子已经赋予"无己"以新的内涵,故不可直解。

《齐物论》,就是专门论述"无己"的。根据《齐物论》所述,天地万物都是道的"物化"而已,人的身体只是道的寓所,只有偶像意义。文中记述:

> 南郭子綦隐机而坐,仰天而嘘,嗒焉似丧其耦。颜成子游立侍乎前,曰:"何居乎? 形固可使如槁木,而心固可使如死灰乎? 今之隐机者,非昔之隐机者也?"子綦曰:"偃,不亦善乎而问之也! 今者吾丧我,汝知之乎?"

这段文字中提到的"丧其耦"或"丧我",就是"无己"的境界。

"丧其耦"中的"耦"通"偶","偶"即偶像。南郭子綦"丧其耦",形如槁木,心如死灰,已"非昔之隐机者也"。这状态他自称是"吾丧我"。"我"是"昔之隐机者","吾"则是"今之隐机者",同是一个南郭子綦,所处境界前后不同。"我"是故我,汲汲于世俗的功名,偏执一端;"吾"是新我,抛弃了一切私心杂念,精神升华到无限的时空,即进入了"逍遥游"的境界。

如果说《齐物论》中的"丧其耦""丧我"侧重描写"无己"后的状态,那么《大宗师》中的"坐忘"则是"无己"的具体操作。

《大宗师》文中,仲尼(孔子)问他的弟子颜回"何谓坐忘",颜回解释说:

> 堕肢体,黜聪明,离形去知(智),同于大通,此谓坐忘。

"堕"通"隳",与"黜聪明"的"黜"同义,废也。"大通"即大道。"离形去知"是对"堕肢体,黜聪明"的进一步概括。

"坐忘"重在一个"忘"字,即从主观上忘掉自己的存在,不留一点私心杂念。换言之,即通过"忘"的功夫"同于大道",进入与大道融合为一的境界——"逍遥游"的境界。

综上所述,要进入"逍遥游"的境界,必须在处理个人与自然界和社会的关系时做到"无名"和"无功",必须在个人自身的价值评估上做到"无己"。而这一切,都是在人的精神世界中进行的。

作为达到"逍遥游"境界的途径和方法,"无名""无功""无己"三者各有侧重。但作为理想的人格,三者又是统一的,统一于一个"无"字。《应帝王》文中论述说:

> 无为名尸,无为谋府,无为事任,无为知(智)主。体尽无穷,而游无朕(迹)。尽其所受乎天而无见得,亦虚而已!至人之用心若镜,不将不逆,应而不藏,故能胜物而不伤。

这段话,可以看作是"无名""无功""无己"的注脚。

"无为名尸,无为谋府,无为事任,无为知主",是说不要有名声,不要做智囊,不要做工作,不要做智者。任何名声、工作、智谋,对于圣人、神人、至人来说,都是累赘和污点,因而都在摈弃之列。

"体尽无穷,而游无朕",意同《逍遥游》中说的"乘天地之正,而御六气之辩,以游无穷",即会心于道,与宇宙万物融合为一,而遨游于无限的时空。这样,人禀受于天道而成的形体、生命,就尽享了天赋的一切而终生不见有所得,即视人生为虚无。

"至人之用心若镜",是以镜子比喻至人纯洁空明的心灵。镜子任万物映入而不迎不送,不留一点痕迹。这种反映不带任何主观色彩,没有情感或思想活动。这里的"至人",亦即"神人"或"圣人"。

四、圣人

圣人、神人、至人,还有真人,都是"至德之人"。他们游离于尘世,因得道而内弃其德,都是庄子"无名""无功""无己"理想人格的体现者。在他们身上,寄托着庄子对现世人生的厌倦和憎恶,寄托着庄子对理想人生的热爱和向往。

但是,为求线索清楚,我们还是把圣人、神人、至人、真人分而述之。

《庄子》中有两种圣人。一种如《胠箧》中所说:"彼圣人者,天下之利器也。"这种圣人,是社会政治法律、礼仪制度的设计者。另一种是《逍遥游》《齐物论》等文中提到的圣人,他们无名、无功、无己,具有崇高的人格。我们将要论述的是后者。

在《齐物论》中,瞿鹊子援引孔丘的话说:

> 圣人不从事于务,不就利,不违害,不喜求,不缘(废)道,无谓有谓,有谓无谓,而游乎尘垢之外。

圣人超世脱俗,用心于虚无。他们不从事任何有形的、具体的工作,不趋利避害,不热衷于外物而废弃大道。

"无谓有谓,有谓无谓",意思是圣人言之无心,出自天然,所以"没说话等于说了,说话等于没说"。

长梧子接着瞿鹊子的话说:

> 众人役役,圣人愚芚(钝),参万岁而一成纯。

这是讲圣人大智若愚,齐万物,一是非。

"众人役役","役役"是形容奔波忙碌的样子。普通人终身奔波忙碌,今日是,明日非,相互较量,钩心斗角,从而把人世间搞得乌烟瘴气,无一宁日。"圣人愚芚,参万岁而一成纯","万岁"指大道;"纯",纯一,指混沌状态。圣人以道看人世和人生,眼界超乎时空,所以不分彼此,不辨是非,以不变应万变,同化于万岁无极的大道而混混沌沌。

《则阳》文中王果说:

> 故圣人其穷也,使家人忘其贫;其达也,使王公忘爵禄而化卑;其于物也,与之为娱矣;其于人也,乐物之通而保己焉。

这是讲圣人的处世态度,内影响家人,外影响王公。

圣人看化万物,故能化人,因而使家人同自己一样忘掉贫穷;在通达时,使王公同自己一样忘掉爵禄;对于外物,与之和谐相处;对于他人,乐于沟通而不失本性。庄子总是想让他理想中的人物出现在人世,为人效法。

人间的凡夫俗子,忙忙碌碌,忧心忡忡,终日有说不尽的烦恼。但在圣人那里,一切任其自然,无事不成,因而其乐无穷。《则阳》论述说:

> 圣人达绸缪,周尽一体矣,而不知其然,性也。复命摇作而以天为师,人则从而命之也。忧乎知,而所行恒无几时,其有止也,若之何? 生而美者,人与之鉴,不告则不知其美于人也。若知之,若不知之;若闻之,若不闻之;其可喜也终无己,人之好之亦无己,性也。圣人之爱人也,人与之名,不告则不知其爱人也。若知之,若不知之;若闻之,若不闻之,其爱人也终无己,人之安之亦无己,性也。

这里讲的"性",即自然天性。圣人之性,一为无心,一为爱人。

自然界和人间世充满了矛盾,但圣人能够"达绸缪",即使矛盾化解,使纷争了事。"周尽一体",是说圣人把一切矛盾、纷争调和得完全一致。通过圣人的调和，自然界和人间世恢复了本来面目，一切都和谐完善，可圣人自己还不知道怎么回事呢！

"复命摇作而以天为师"，"复命"为静，《老子》曰"静曰复命"；"摇作"为动。动静俱出自天然，故人们称之为圣人。圣人"以天为师"，而一般人则为自己知道的一些琐事烦恼，既可气又可笑。可叹人生苦短，能有几时！生命很快就要结束了，谁也没有办法把它留住，一切努力都是螳臂当车，无济于事。

"生而美者，人与之鉴，不告则不知其美于人也"，是说，生来就漂亮的人，是因为有人相比较，如果不通过比较他也不会知道他比别人漂亮。但他并不将其放在心上，"若知之，若不知之；若闻之，若不闻之"。其人总是讨人喜欢，别人也总是喜欢他，因为美者和好之者双方都出自本性。

同理，圣人爱人，人们称之为圣人，他才知道自己爱人。但他并不放在心上，好像知道，又好像不知道；好像听说过，又好像没听说过。圣人总是爱人，别人也总是承受他的爱，因为圣人爱人和别人受其爱，都是出自双方的本性。

圣人无心，无心就是听任其自然。《徐无鬼》文中，仲尼说：

> 圣人并包天地，泽及天下，而不知其谁氏。

圣人是道的化身，故"并包天地，泽及天下"。可见，圣人之爱人，无亲无疏，是普遍的出自天性的爱，不带任何感情色彩。"而不知其谁氏"，是说圣人无名，从不标榜自己的名声，由此更见圣人博大无私的胸怀。

五、神人

我们前面论述"无功"时，已经分析过《逍遥游》中藐姑射之山上的神人形象。藐姑射之山上的神人，其美丽，"肌肤若冰雪，淖约若处子"；其高洁，"不食五谷，吸风饮露"；其豪迈，"乘云气，御飞龙，而游乎四海之外"。其阴柔与阳刚并济,令人联想无穷。

《天下》篇中有言:"不离于精,谓之神人。"神人精粹不杂、至真至纯,因而具有非凡的生气和活力。

《天地》文中,苑风要谆芒讲一讲神人,谆芒毫不犹豫地说:

> 上神乘光,与形灭亡,是谓照旷。致命尽情,天地乐而万事销亡,万物复情,此之谓混冥。

这段话不好理解,因而说者意见分歧较大,兹试解之。

先说"照旷"。"上神乘光,与形灭亡",意思是神人至上,乘御光辉而普照万物,无处不在,无时不在,而终归虚无。可见所谓"照旷",是一个比喻。

再看"混冥"。"致命尽情",是说神人归于虚无之道。"致命"与"尽情"同义,不必强生分别。"天地乐而万事销亡,万物复情",是说神人与天地同乐而不务世俗之事、不害万物之情。可见所谓"混冥",也是一个比喻。

有说者认为,"照旷"为神人生时的光辉,"混冥"为神人死时的状态。其说可商。"乘光"意同于"乘天地之正,御六气之辩",亦即"乘云气,御飞龙"。"与形灭亡",意同于"以游无穷",亦即"游乎四海之外"。所以,"照旷"就是"逍遥游"。一旦进入逍遥游的境界,就从主观上摆脱了客观世界的束缚,与天地同乐。此从主观来说是"无为",从客观来说是"无用"。无为则"万事销亡",无用则"万物复情",神人由此同化于天地万物而进入混沌状态。

说到这里,"照旷"和"混冥"的比喻义就清楚了。"照旷",指逍遥游的境界;"混冥",指归于大道。"神人无功",故得逍遥乎无地之间,享受无比的快乐,与天地万物和谐而化为一体。

可能是由于和谐天地万物之故,神人"恶众至"。《徐无鬼》篇中解释说:

> 是以神人恶众至,众至则不比,不比则不利也。故无所甚亲,

　　无所甚疏，抱德炀和，以顺天下，此谓真人。

　　所谓"恶众至"，就是讨厌来归附之人很多。

　　大凡世俗之人，多喜欢有人归附捧场，以扩充实力。例如有名的战国四公子——孟尝君、信陵君、平原君、春申君，各自号称门客三千，引车卖浆之徒、鸡鸣狗盗之士，无不拉拢网罗。

　　"神人恶众至"，是因为来归附的人一多起来，就不可能都亲近；不亲近就有祸害生，有祸害就有不利。所以，神人"无所甚亲，无所甚疏"，一视同仁。"抱德炀和，以顺天下"，意谓神人坚守天德，态度不冷不热，以使天下人满意。唯其如此，神人又可称为"真人"。

六、至人

　　"至人"，大概是"至德之人"的简称。

　　《人间世》文中有仲尼(孔子)关于至人的谈话。仲尼的弟子颜回听说卫君独裁残暴，卫国的百姓陷于水火之中，就要去说服卫君。行前，颜回向仲尼请教。仲尼认为，颜回"所存于己者未定"，即道德修养还没到家，所以不可能说服卫君那样残暴的人。他语重心长地对颜回说：

　　　　古之至人，先存诸己而后存诸人。

　　这短短的一句话，蕴含的道理实在耐人寻味。

　　仲尼在《论语·子路》中，曾就为政之道论述说："政者，正也。其身正，不令而行；其身不正，虽令不从。"其意与"先存诸己而后存诸人"相同。为政也好，教育人也好，首先要自己做出样子，讲出的道理才能令人信服。此所谓"身教重于言教"。

　　但是，言教容易身教难，所以行言教者多而行身教者少。这可能是导致社会道德文化水平下降或社会动乱的一个重要原因。如果教人者自己一肚子的男盗女娼，又有谁会相信他满口的仁义道德！如果为政者贪赃枉法，有谁会相信他满口的清正廉洁！

至人超世脱俗,因而在《达生》中扁子对孙休说:

> 子独不闻夫至人之自行邪?忘其肝胆,遗其耳目,芒(茫)然彷徨乎尘垢之外,逍遥乎无事之业,是谓为而不恃,长而不宰。

所谓"自行",即通过遗忘而逍遥。

"忘其肝胆,遗其耳目",然后就超然物外了。"肝胆"指代身体,"耳目"指代心智,身心俱忘则虚,虚则得道。这实际就是《大宗师》中所讲的"坐忘"。

"为而不恃,长而不宰",是就至人与万物的双重关系而言的。本来,至人"逍遥乎无事之业",在对具体事物的作用上,是无为的。但至人是道的化身,因而有责任使万物运行在道的轨迹上,所以,至人对万物的整体又是有为的。此所谓道"无为而无不为"。至人无为,故"为而不恃,长而不宰",一切顺乎自然。

至人不仅超世,而且超人,具有超乎自然的力量。在《齐物论》中,王倪向啮缺介绍说:

> 至人神矣!大泽焚而不能热,河汉冱(冻结)而不能寒,疾雷破山、飘风振海而不能惊。若然者,乘云气,骑日月,而游乎四海之外,死生无变于己,而况利害之端乎!

至人不仅有抗御特大自然灾害的能力,而且有驾驭自然的能力。

在庄子所处的时代,人们对寒暑交替、风雷雨电所知不多,因而对自然界的灾异变眚有一种恐惧心理。至人对其却泰然处之,若无其事。更有那变幻莫测的云气、光芒四射的太阳、冷冷生寒的月亮,当时的人们只能远远地望着它们遐想,或迷惘,或兴奋,或惊恐……但在至人那里,它们都被降服了。

至人突破了有限的时空,也就突破了生死的限制,更无所谓什么利害关系。所以,至人是超人,他们在向无限的时空飞去。

超世、超人的至人,只与天地来往。在《庚桑楚》篇中,老子对南荣趎说:

夫至人者，相与交食乎地而交乐乎天，不以人物利害相撄（扰），不相与为怪，不相与为谋，不相与为事，翛然（无牵无挂貌）而往，侗然（心怀开朗貌）而来。是谓卫生之经已。

这段话是说至人独立于世外而无所用心。

"相与交食乎地而交乐乎天"，讲至人生活、游乐都顺乎自然，意同《徐无鬼》篇中的"吾与之邀乐于天，吾与之邀食于地"。因此，至人不以人物利害相干扰，更不相互责怪、相互谋算、相互利用，一切来之不却、去之不留，顺物而无心。

跟至人与世无争、与世无求相反，世俗之人在争名逐利中度生涯。他们为蝇头小利，为一个空名，不惜以命相争，尔虞我诈，钩心斗角，惶惶不可终日；可到头来，却犹如竹篮打水，一无所得。更有不幸者，还要搭上身家性命。人生如此，不亦悲夫！

至人无心于世，故有超人的勇气。在《田子方》篇中，伯昏无人对列御寇说：

夫至人者，上窥青天，下潜黄泉，挥斥八极，神气不变。

至人上天入地，充斥其间。其力量和勇气，不是来自天地鬼神，而是来自至人自身。至人的勇气，是懦夫们无法想象的，但无私无畏者可以体验。

七、真人

《天下》文中有言："关尹、老聃乎，古之博大真人哉！"老庄以后，道家称修真得道者为真人。另外，帝王也以"真人"之称赐人，例如唐玄宗追谥庄子为"华南真人"，文子为"通玄真人"，列子为"冲虚真人"，庚桑子为"洞虚真人"。又如元太祖封丘处机为"长春真人"。宋代的道士张伯端，号紫阳，后世称"紫阳真人"。

《大宗师》一文，以为"有真人而后有真知"，对真人的描写有四段。下面分别论述之。

其一:

古之真人,不逆寡,不雄成,不谟(谋)士(事)。若然者,过而弗悔,当而不自得也。若然者,登高不栗,入水不濡(湿),入火不热。是知(智)之能登假于道者也若此。

此真人不计成败得失,忘怀于物。超然物外,故不为外物所伤。"知之能登假于道者也若此"是说,真人所达到的境界,并非可望而不可即。凡人如果"不逆寡,不雄成,不谟士",同样会"登高不栗,入水不濡,入火不热",获得超自然的力量。

其二:

古之真人,其寝不梦,其觉无忧,其食不甘,其息深深。真人之息以踵,众人之息以喉。

此真人清心寡欲,无忧无虑,甚至呼吸都与众不同。众人用喉呼吸,真人却用脚后跟呼吸,此所谓"息以踵"。气功中有踵息法,要求运气到脚跟(经涌泉穴)。

其三:

古之真人,不知说(悦)生,不知恶死。其出不䜣(欣),其入不距(拒)。翛然而往,翛然而来而已矣。不忘其所始,不求其所终。受而喜之,忘而复之。是之谓不以心捐道,不以人助天,是之谓真人。若然者,其心志(安),其容寂,其颡(额)頯(质朴貌)。凄然似秋,暖然似春,喜怒通四时,与物有宜而莫知其极。

此真人不计生死,随物而变,应时而行。世俗之人最大的恐惧,莫过于死神的降临。这是因为,他们把死看作人生旅途的尽头,以为死后是空寂一片。而实际上,人世间谁也说不清死后的情景,死是无法预测、无法转述的。人们关于死后的种种设想,都凭空无据。对死亡的恐惧,乃是人自己设想死后情景时产生的一种情绪。

真人把生死置之度外,因而容貌沉寂安闲,质朴的脑门上放出光彩,严肃如秋,温和如春,喜怒随春夏秋冬自然运行,与万事万物相宜。

所以,人们无法测知真人的底蕴。

其四:

　　古之真人,其状义(宜)而不朋,若不足而不承;与乎其觚而不坚也,张乎其虚而不华也;邴邴乎(焕发貌)其似喜也,崔崔乎(运动貌)其不得已也。滀乎(和蔼貌)进我色也,与乎(随和貌)止我德也,厉乎其似世也,謷乎(高远貌)其未可制也,连乎其似好闭也,悗乎(无心貌)忘其言也。

这是一首真人的赞歌,仔细品评,但觉得真人似之而非之、至真至纯、飘逸潇洒,有一种令人捉摸不定的朦胧美。

那真人的情态:与众人和谐相处而不结朋党,似不足而无所承受,棱角自然而不固执,虚怀若谷而不浮华,心情舒畅好像很喜欢,一举一动出于不得已,和蔼可亲使人眉开眼笑,平易随和使人心悦诚服,心胸开阔像世界一样广大,高蹈远行像不可遏制,流连忘返像十分闲逸,心不在焉像忘了说话。

真人无荣辱之心,去七情六欲。在《田子方》篇中,仲尼(孔子)听说孙叔敖三为令尹而三去之但面无忧色,就发感慨说:

　　古之真人,知(智)者不得说(悦),美人不得滥,盗人不得劫,伏戏、黄帝不得友。死生亦大矣,而无变乎己,况爵禄乎! 若然者,其神经乎大山而无介,入乎渊泉而不濡,处卑细而不惫,充满天地,既以与人己愈有。

孔子的感慨,一唱三叹。真人情操高尚:智者不能使之心动,美人不能使之淫乱,强盗不能使之屈服,伏羲、黄帝不能与之结交为友。真人无畏无惧,不计生死,对爵禄更是不屑一顾。所以,真人获得了精神上的自由,进而转化成一种巨大的精神力量,穿泰山,入渊泉,无所不至,势不可当。真人有这种精神力量,即使身处卑位也不困顿。不仅不困顿,反而使自身形象高大起来,充满天地之间。

"既以与人己愈有",其意出于《老子》第八十一章:"既以为人己愈有,既以与人己愈多。"这句话充满了辩证法。可叹世俗之人蔽于此,恨不得把天下的财富全部占为己有,竟做起吸血鬼、守财奴来,真是愚蠢至极!

在《庄子》中,"无名""无功""无己"三者,其实一也,都是庄子理想的人格。"圣人""神人""至人""真人"四者,其实一也,都是道的化身,是庄子理想人格的体现者。在他们身上,既倾注着思想家庄子对现世人生的深刻思考、对理想人生的执着追求,也表现出文学家庄子非凡的艺术才能。所以,他们不仅有认识价值,而且有美学价值。

有论者认为,庄子塑造的"圣人""神人""至人""真人"等艺术形象,是人类尚不能认识自然规律的产物,表达了人类强烈的认识自然、征服自然的愿望。此说不无道理,例如藐姑射之山的神人,"乘云气,御云龙,而游乎四海之外",征服了有限的时空而无待逍遥。这是人类今天也无法做到的事情,尽管今天的科学技术已达到了空前的水平。

但我们不要忘记,庄子塑造的这些形象,都是淡情寡欲、无心于人世的。他们征服自然,不是以支配自然为目的,而是要游离于人世,回归自然的怀抱。因此,这些形象只能存在于庄子的主观世界里,而不可能出现在现实世界中。

第十一章　自由的礼赞

——从梦幻到逍遥

"处乎材与不材之间"而游于世，即使游起来如鱼得水，也仅仅能免于患而已。人间世好比一只巨大的樊笼，只要你入游其中，终生别想逃出去。所以，庄子说："材与不材之间，似之而非之，故未免乎累。"所谓"累"，即客观条件的牵累或制约，任何人都不能逃脱，也无法逃脱。

但是，樊笼再大也关不住庄子，他把思绪抛向茫茫无际的太空，跟随日月云气游到四海之外，从而进入了一个空灵明净、超乎时空的自由世界。

从太空鸟瞰人间世，只见沧海之一粟。于是，庄子以惊世骇俗的想象，以怪诞奇绝的笔法，写出了千古绝唱《逍遥游》。

一篇《逍遥游》，豪放激越，如万马奔腾；变幻莫测，如星空闪烁。它是警世的号角，是自由的呐喊，是大彻大悟后的心灵独白。透过它的字里行间，我们会看到庄子博大的胸怀，并从中发现一个令人神往且妙不可言的理想世界。

一、上下求索

庄子渴望理想的人生，渴望现实的自由，所以，在进入"逍遥游"的境界之前，他在天地之间上下求索。

大鹏高飞远举，气势磅礴，文中对此有三次描写：

其一：

北冥有鱼，其名为鲲。鲲之大，不知其几千里也。化而为鸟，其名为鹏。鹏之背，不知其几千里也。怒而飞，其翼若垂天之云。是鸟也，海运则将徙于南冥。南冥者，天池也。

其二：

鹏之徙于南冥也，水击三千里，抟扶摇而上者九万里，去以六月息者也。

其三：

穷发（不毛之地）之北，有冥海者，天池也。有鱼焉，其广（宽）数千里，未有知其修（长）者，其名为鲲。有鸟焉，其名为鹏，背若泰山，翼若垂天之云，抟扶摇羊角而上者九万里，绝（超越）云气，负青天，然后图南，且适（往）南冥也。

以上关于大鹏的描写，读来令人荡气回肠！

鹏化于鲲，"鲲之大，不知其几千里也"，以衬托鹏之大。"鹏之背，不知其几千里也"，以其体大衬托其志大。"怒而飞"故"水击三千里"。其巨翼舒展像天空的云彩飘动，拍击着盘旋如羊角一般的旋风直上九万里高空。这大鹏，在风起海动、波浪滔天时将迁徙往南冥，南冥是天然的大池。

大鹏惊天动地的壮举，展现了其远大志向和宏伟气魄，因而令人喜爱、羡慕和景仰。例如，唐代大诗人李白早年作诗，常以"大鹏"自况。他的名句"大鹏一日同风起，扶摇直上九万里，假令风歇时下来，犹能簸却沧溟水"，直接化用《逍遥游》的寓言。又如毛泽东的词——《念奴娇·鸟儿问答》，开头就是："鲲鹏展翅，九万里，翻动扶摇羊角。背负青天朝下看，都是人间城郭。"

大鹏的形象不仅常常出现在古今文学家和志士仁人的笔下，以表现其宏伟的抱负和广阔的胸怀，而且早已深深扎根于我们民族文化的土壤里。例如，人们为儿孙起名字，常取名"鹏飞""鹏举""大鹏""万鹏"等，或单用一个"鹏"字，期望他们壮志凌云、高飞远举，干出一番惊天动地的伟业而光宗耀祖、名垂青史。

　　大鹏从海面起飞，水击三千里，拍击着如羊角般盘旋而上的旋风直冲云天九万里，不可谓不高矣！而后背负青天，乘"六月息者"，从北海直到南海，不可谓不远矣！然而，大鹏气壮山河的高飞远举，尽管惊天地、动鬼神，但也必须凭借风的力量；否则，将寸步难行。故《逍遥游》文中评述说：

　　　　且夫水之积也不厚，则其负大舟也无力。覆（倒）杯水于坳堂（堂上凹处）之上，则芥（小草）为之舟。置杯焉则胶，水浅而舟大也。风之积也不厚，则其负大翼也无力。故九万里则风斯（就）在下矣，而后乃今培（凭借）风，背负青天而莫之天阏（阻拦）者，而后乃今将图（谋）南。

　　这段文字，旨在说明大鹏高风远举时对风力的依赖。

　　大鹏与风的关系，如同舟与水的关系，这个比喻贴切形象。水如果积得不厚，那么它就无力负载起大船。例如，在堂上的低洼处倒一杯水，放一根小草可以当船，放一只杯子就粘在那里，因为水浅而"舟"大。同理，风如果积得不厚，那么它就无力载大鹏"若垂天之云"的大翅膀。所以，大鹏要飞到九万里高空，九万里厚的风在其下才有力量托起它的大翅膀。而后大鹏才能下凭风力、上负青天，一往无前而没有阻碍，图谋飞向南冥。

　　如前所述，没有"扶摇羊角"，大鹏就无法飞上九万里高空；没有海运时的"六月息者"，大鹏就无法从南海飞到北海。所以，尽管大鹏有惊天动地的壮举，上九万里高空遨游，却"未免乎累"，即没有摆脱对风的依赖，因而也就没有得到真正的自由。

　　尽管如此，大鹏磅礴于天地之间的宏伟气势和远大志向，仍然令人喜爱、羡慕和景仰。但是，蜩与学鸠并不理解，它们讥笑大鹏说：

　　　　我决起（迅速飞起）而飞，抢（冲上）榆枋，时则不至而控（投身）于地而已矣，奚（何）以之九万里而南为？

蜩即蝉,学鸠即斑鸠。这一虫一鸟炫耀说,它们从地面迅速起飞,冲向榆树或檀树,到时如果飞不到上面,就投身于地罢了。因而它们发问,鹏为什么要飞到九万里的高空然后才飞往南冥呢。

蝉和学鸠之所以不理解大鹏的壮举,是因为它们狭窄的视野,封闭的生存环境也封闭了它们的心灵,从而使它们妄自尊大、自以为是、盲目乐观。这一虫一鸟的自我炫耀,实在滑稽可笑。

斥鷃讥笑大鹏说:

> 彼且奚适(往)也?我腾跃而上,不过数仞而下,翱翔蓬蒿之间,此亦飞之至也,而彼且奚适也?

斥鷃是一种小雀,怀着与蜩、学鸠同样的心理,前后两次发问,中间自鸣得意。其飞高不过数仞,远不出蓬蒿,却自以为达到了飞翔中最得意的境界,岂不悲夫!

"此亦飞之至也",一个"亦"字传神。斥鷃把自己上下于蓬蒿之间与大鹏的高飞远举相提并论。斥鷃看到大鹏"抟扶摇羊角而上者九万里","且适南冥也",故大惑。此即所谓"井蛙不可以语于海者"。斥鷃在蓬蒿之间上蹿下跳,实属低能,却自以为拥有整个世界。这就像井中之蛙,自以为世界只有一个井大,而不知道大海是什么样子。

斥鷃同蜩和学鸠一样,苟且偷安于一隅,更没有什么自由可言。

通过上述几例,庄子无非是想说明,世间万物无论大小,其游都不能离开其所凭借之力,故万物皆无自由。而人也如此,无论是凡夫俗子,还是宋荣子、列子之流。他说:

> 故夫知(智)效(胜任)一官,行(品行)比(亲近)一乡,德合一君,而征(取信)一国者,其自视也,亦若此矣。而宋荣子犹然(笑貌)笑之。且举世而誉之而不加劝(努力),举世而非之而不加沮(沮丧),定乎内外之分,辩乎荣辱之境,斯已矣。彼其于世,未数数然也。虽然,犹有未树也。

这段话的大意是说,智慧可以胜任一官之职,品行可以团结一乡之人,道德可以投合一国之君,能力可以取得全国的信任,这四种人看自己,也像斥鹦自以为"飞之至"一样。因而,宋荣子对这自鸣得意的四种人付之一笑。而宋荣子本人,对世人的毁誉不屑一顾,不为其所动。确定物我的分别,辨识荣辱的界限,做到这一步就可以了。他人生在世,不汲汲于功名利禄,荣辱不入于胸次。虽然如此,他还没有修炼到家。

宋荣子名钘,战国时代的思想家和社会活动家。据《庄子·天下》篇说,他"见侮不辱,救民之斗;禁攻寝兵,救世之战",跑遍天下鼓吹自己的主张,但处处遭白眼、受冷遇。他苦行寡欲,求人只"请欲固(姑且)置五升之饭足矣",即请人姑且为他置办五升饭就满足了。《逍遥游》中所谓"犹有未树也",盖指此事。具体说来,就是宋荣子不求功名利禄,不以物喜,不以己悲,但"五升之饭"还是不可或缺的。这"五升之饭",就像鹏之于扶摇羊角,草芥之于坳堂之杯水,是他"周行天下,上下说教"所凭借的条件。

由此看来,宋荣子和他所笑的那四种人,其区别是十分有限的,都"未免乎累",没有自由,仅五十步与百步而已。

下面谈谈例子。庄子说:

> 夫列子御风而行,泠然(飘轻貌)善也,旬有五日而后反(返)。彼于致福者,未数数然也。此虽免乎行,犹有所待者也。

列子乘风而行,飘飘悠悠,十五天后返回地面。他不汲汲于个人的生活幸福,具有超自然的力量。他虽然乘风而行,免于行走,但还是要有所凭借和依赖的。

列子即列御寇,郑国人。《列子·黄帝》篇中说:"列子师老商氏,友伯高子。尽二子之道,乘风而归……犹木叶干壳,竟不知风乘我邪,我乘风乎。"这段话大致的意思是,列子师友皆为高人,而他尽得其道,乘长风飘飘欲仙。他遨游天空,风向东则东,风向西则西,一时像一片薄薄的树叶,一时像一片小小的干壳,如梦如幻,好不得意。于是,他飘飘然陶醉在空中,竟然不知道是他乘风还是风乘他了。

列子显然高于宋荣子。宋荣子修己,不求闻达,但仍不免于自求多福,还要在人间世生存,还要与凡夫俗子为伍,因而终日奔波,不能"免乎行"。而列子已无心于人间世,故轻闲自在,甚至"乘风而归",在空中遨游时十分快活。但是,列子"犹有所待",需待风而行,如同大鹏直上九万里高空时"抟扶摇羊角"一样。而且,列子在空中遨游十五天后仍得返回地面。所以,超凡脱俗的列子也没有自由。

在自然界,高飞远举的大鹏游有所穷,自然不必说低能的蜩、学鸠、斥鷃之流了。在人间世,不计功名荣辱的宋荣子"未免乎累",自然不必提"知效一官,行比一乡,德合一君,而征一国者"了。列子离开人间世到空中游了十五天,还是返回了人间。

总之,"上穷碧落下黄泉,两处茫茫皆不见",谁都没找到自由。从自然到人世,无论何物何人,皆有所待,皆游有所穷。

二、逍遥游

庄子上下求索,描绘了各种扑朔迷离的有待之游,然后灵机一动,笔锋一转,点出"逍遥游"的境界和通达这一境界所应具备的理想人格。他信心满怀地说:

> 若夫乘天地之正,而御六气之辩(变),以游无穷者,彼且恶乎待哉! 故曰:至人无己,神人无功,圣人无名。

这"逍遥游"的境界,展现了庄子所追求的理想的人生和自由。

天地间万物皆自然生成、自然存在,如果等视齐观、听其自然,就是"乘天地之正"。阴、阳、风、雨、晦、明,合称"六气",如果一视同仁,任其变化,就是"御六气之辩"。听任客观世界自然变化,即把客观世界置之度外,就是"以游无穷"。

显然,"逍遥游"不是自然万物和人们在社会中所能达到的现实的境界。"乘天地之正,而御六气之辩",跟大鹏"培风"和列子"御风"相比较,前者所乘御的对象是抽象的,而后者是具体的。因此说,前者"游无穷"而无所待,后者游有所穷而有所待。简言之,大鹏、列子游的是现实世界,而"逍遥游"游的是与现实世界相对的主观世界。所谓"逍遥游",是庄子在认识到客观世界万物皆有所待的基础上,幻想出来的人由有限向无限发展时,主观世界摆脱了客观世界的束缚而获得的精神自由。

有论者据《逍遥游》一文,套用某种理论模式,说庄子鼓吹"绝对自由论",并以此否定庄子的自由观。而实际上恰恰相反,庄子在《逍遥游》中反复论证,世间万物,人当然也不例外,都是有所待的。从无生命的尘埃到有生命的虫鸟,从苟且偷安的虫鸟到高飞远举的大鹏,从"知效一官"之士到"御风而行"的列子,谁都没有自由。庄子认为,现实世界和现实人生,根本不存在自由,那"绝对自由论"从何而来呢?

向秀、郭象在《逍遥义》中说:"物之芸芸,同资有待;得其所待,然后逍遥。"我们姑置向、郭二位对"逍遥游"的理解不论,单就其对庄子自由观的认识来说,就比持"绝对自由论"者高明多了。

"逍遥游"的境界,寄托着庄子美好的人生理想,在《庄子》一书中反复出现。例如:

乘云气,御飞龙,而游乎四海之外。(《逍遥游》)

圣人神矣!……若然者,乘云气,骑日月,而游乎四海之外,死生无变于己。(《齐物论》)

圣人不从事于务……而游乎尘垢之外。……旁日月,挟宇宙。(《齐物论》)

与造物者为人,而游乎天地之一气。芒(茫)然彷徨乎尘垢之外,逍遥乎无为之业。(《大宗师》)

乘夫莽眇之鸟,以出六极之外,而游无何有之乡,以处圹埌(空荡辽阔)之野。(《应帝王》)

上引诸例,表明"逍遥游"在"四海之外"或"尘垢之外",根本不存在于现实世界和现实人生。

"逍遥游"的主体是人,但不是凡夫俗子,而是"至人""圣人""神人"等得道之人。与凡夫俗子不同,得道之人"死生无变于己","不从事于务","与造物者为人,而游乎天地之一气"。

"逍遥游"所乘御的对象,如日月、云气、飞龙等,都是庄子所处时代的人们可望而不可即之物,都是"莽眇之鸟"。因此,乘御它们实为主观幻想而已。

从"有待"之游到"逍遥游",反映了庄子在自由观上,由一个现实主义者转变为理想主义者。这种转变,恐怕与他处在"福轻乎羽,莫之知载;祸重乎地,莫之知避"的人间世有关。祸充天地之间,脑袋都朝不保夕,哪里还有自由可谈!天才浪漫的庄子,在其自由的理想被黑暗无情的现实击得粉碎,几经挣扎、身心俱疲后,只好回到自己的精神世界去。

"逍遥游"是人生最高的精神境界,但它不是空中楼阁、海外仙山,是人通过修养而得道后可以达到的境界。换言之,只要实现了理想的人格——"无己""无功""无名",就成为"至人""神人""圣人",从而进入无所待的"逍遥游"境界。

所谓"无己""无功""无名",亦即《齐物论》中的"丧我"、《大宗师》中的"坐忘"。"丧我"和"坐忘",可以简单理解为"物我两忘"。

至于"至人""神人""圣人",其实一也,都是得道而物我两忘之人。

这里,我们不准备再讨论庄子的理想人格,只举几个"逍遥游"的例子,借此以见一斑。

《列御寇》中有这样一段记载:

伯昏瞀人北面而立,敦(立)杖蹙(紧贴)之乎颐(腮)。立有间,不言而出。宾者以告列子,列子提屦(鞋),跣(赤足)而走,暨(及)乎门,曰:"先生既来,曾不发药乎?"曰:"已矣,吾固告汝曰:

人将保汝。果保汝矣！非汝能使人保汝，而汝不能使人无保汝也，而焉用之感豫（愉）出异（表现出与众不同）也。必且有感，摇而本才，又无谓也。与汝游者，又莫汝告也。彼所小言，尽人毒也。莫觉莫悟，何相孰（熟）也！巧者劳而知（智）者忧，无能者无所求，饱食而遨游，泛若不系之舟，虚而遨游者也。"

在此之前，伯昏瞀人曾赞许列子善于观察问题，同时教诲列子安居，以使众人依附。不久，伯昏瞀人到列子的居舍，发现门外鞋子满地，可见归附者甚多。

"非汝能使人保汝，而汝不能使人无保汝也"，其实是责备而不是表扬，其意是说，不是你本人有凝聚力而成为核心，而是你标新立异、哗众取宠，从而使人不明真相，糊里糊涂地围着你转。列子为此感到愉快，兴奋不已，且以为自己德才出众，美如西施；而实际上并非如此。

"与汝游者，又莫汝告也。彼所小言，尽人毒也。"这真是物以类聚、人以群分，你标新立异、哗众取宠，那么跟你交游的人就跟你气味相投。他们极尽溜须拍马、阿谀奉承之能事，根本无视真相，哪有忠言相告！他们琐碎的言论，都是害人的东西！

如上所述，列子游有所穷，说明"巧者劳而知者忧"，因而他们是无法逍遥的。究其原因，玩弄技巧的人和耍小聪明的人，以及跟其气味相投者都在懵懂之中，沉溺于俗务，没有觉悟，就像苟且偷安的蜩和学鸠一样。

"泛若不系之舟，虚而遨游者也"，说的是人如果像水上漂浮不定的扁舟，且虚心若镜、无劳无忧，就进入逍遥游的境界了。"不系之舟"，是主观精神摆脱了客观世界的束缚而自由自在、独往独来的象征。

"逍遥游"的境界，是通过理想人格的完成而达到的人生的最高境界。"至人无己，神人无功，圣人无名"，关键是一个"无"字。领悟和做到绝对的"无"，就得道而逍遥了。在《知北游》篇中，光曜和无有都

是虚拟之人,二者有一段精彩的对话:

> 光曜问乎无有曰:"夫子有乎? 其无有乎?"光曜不得问而孰(仔细)视其状貌:窅然(暗淡貌)空然。终日视之而不见,听之而不闻,搏之而不得也。光曜曰:"至矣,其孰能至此乎! 予能有无矣,而未能无无也。及为无有矣,何从至此哉!"

结果,光曜对无有佩服得五体投地。

"无有"是以义定名,故光曜问他到底是有还是没有。因不得其问,光曜又审视之,可眼前空空如也。光曜听不着、看不着,也摸不着无有,于是自叹弗如,甘拜下风。因为光曜只能做到"有无",虽然令人听不见、摸不着,但还是可以看到的。

"有无"和"无有"之辩,很有意思。"有无"强调有,虽然有的是无形无声的东西(例如光),但还是有。而"无有"强调的是绝对的无,什么也没有。

光曜和无有的比较,仍有象征的意味。而《大宗师》中女偊阐述修道的过程,则是具体的进入"逍遥游"境界的途径和方法。不过,在《徐无鬼》篇中,南伯子綦谈的是切身体会,更为详尽、生动。他说:

> 吾尝居山穴之中矣。当是时也,田禾(齐王名)一睹我而齐国之众三贺之。我必先之,彼故知之;我必卖之,彼故鬻(买)之。若我而不有之,彼恶得而知之? 若我而不卖之,彼恶得而鬻之? 嗟乎! 我悲人之自丧者;吾又悲夫悲人者;吾又悲夫悲人之悲者;其后而日远矣。

南伯子綦尝居山穴之中,可能是做过一段时间的隐士。他从显露自己的才能到认识到那是可悲的,再从有可悲之感日益淡漠,直到心如死灰、无思无虑,终于抛却了一切私心杂念而进入"逍遥游"的境界。

三、蝴蝶梦

庄子做了一个美丽的梦,他清清楚楚地记着梦中那幸福的时光。

在《齐物论》篇中,他回忆说:

> 昔者庄周梦为胡蝶,栩栩然(生动活泼貌)胡蝶也。自喻适志
> 与! 不知周也。俄然觉,则蘧蘧然(惊疑貌)周也。不知周之梦为
> 胡蝶与? 胡蝶之梦为周与? 周与胡蝶则必有分矣。此之谓物化。

好梦不长,但终生难忘,因为庄子理想的人生在梦中实现了。梦
中有一个美好的世界,一个自在逍遥的理想世界。

在梦中,庄子变成了一只蝴蝶,而且是一只生动活泼的蝴蝶。蝴
蝶是颇有深意的形象,因为它活跃在一个自由美妙的世界里,或飞舞
于绿荫,或徘徊于溪水。在这个世界里,没有礼法制度的约束,没有官
僚势力的压迫,没有无耻小人的暗算,不为衣食住行忧虑,甚至不受时
空的限制,自适其志,其乐融融,一切都是那么理想、那么惬意!

梦中化为蝴蝶的庄子,自在逍遥地遨游在阳光之下、百花丛中,已
"不知周也",忘记了自己的存在,实现了理想的人格——"无己"。

然而,美丽的梦境转瞬即逝,醒来之后,庄子想到自己仍是庄周,
而不是蝴蝶,故感到又惊奇又可疑。

从世俗的观点来看,"周与蝴蝶则必有分矣",庄周就是庄周,蝴蝶
就是蝴蝶。但以道观之,则"不知周之梦为蝴蝶与? 蝴蝶之梦为周
与?"二者难分彼此。分为二,化为一,都来源于大道,故称之为"物
化"。

顺应大道而变化,就是"逍遥游"。在"逍遥游"的境界里,人在主
观上消除了物我对峙,因物而化。所以,《大宗师》篇中称"自本自根"
的道为"造化者"或"造物者"。

我相信庄子真的做过蝴蝶梦。而且,只有大彻大悟的庄子,才能
做这样妙不可言的美梦。

人类从自然界中分化出来后,便前仆后继、一点一点地争取对自
然界的支配权力。从磨削几块石头,到今天发射人造卫星和航天飞
机,这期间经历了一个多么漫长的历史过程! 随着生产技术的进步和

物质条件的改善,人类的生活水平不断提高。但是,人类从自然界那里获取的自由越多,付出的代价就越沉重。由于社会的出现,先是有传统道德习俗的约束和限制,继之是封建专制制度的枷锁,绝大多数人在社会组织中的自由越来越少,有时甚至被完全剥夺。社会的物质文明和精神文明成果被一小撮人攫取,整个人类的创造都被异化了。

庄子发现了人的自由和社会发展的反比关系,随即转身投入了大自然的怀抱。人回到自然界,就找回了失去的自由。但这一切,只能在主观精神世界中发生。因此,庄子梦化为蝴蝶,在梦中追寻在现实世界中失去的自由。他以自然的审美情趣欣赏万物,在欣赏过程中,又敞开自己的心灵与万物沟通。

就这样,庄子在物我交感中进入了物我两忘的境界,进入了自由的乐园。在这样的境界中,庄子与自然拥抱在一起,体味自由的美好,体味人与万物的和谐。

在欣赏庄子的蝴蝶梦的同时,我们不由得为现代人,当然也为我们自己悲哀。

生活在当今社会的现代人,就像一根根正被钉进墙里的钉子,不时受到四面八方的挤压,难受极了。卡夫卡的寓言《变形记》,就是因描写这种现代人的普遍感觉而著名。这则寓言大致内容是说,格里戈的职业是旅行推销员,忙得要命,每天清晨四点起床去赶火车,到外地一家公司去上班,然后去各地推销棉布。上司的面孔冷冰冰的,工作又十分枯燥乏味,使他对这份工作厌恶至极。但为了生计,为了替父亲还清债务,他只好硬着头皮干下去。这天,他正要准时起床,当他从噩梦中醒来,他发现自己变成了一只硕大的甲虫蜷伏在床上。他挣扎着要去上班,可力不从心、言语不清……

卡夫卡以格里戈的遭遇,反映了现代人承受的重重压力,尤其是精神压力。庄子笔下的蝴蝶和卡夫卡笔下的大甲虫,都由人转化而来,但两者具有不同的美学意义。卡夫卡以现实主义者的眼光看人世与人生,大甲虫象征失去自由的人,或者说象征那些为生计而奔波的金钱的奴隶。而庄子是浪漫主义者,他以艺术心态观察欣赏人世和人生,蝴蝶象征他理想中的获得自由而自适其志的人。那梦幻中的蝴蝶,无待而逍遥,沐浴着和煦的阳光,呼吸着百花的芬芳,在自由的世界里飞翔。如果说,卡夫卡的大甲虫使我们感受到失去自由的痛苦与惆怅,那么,庄子化身的蝴蝶,则使我们感受到获得自由的幸福和欢乐。

光阴似箭,平生有多少计划、多少憧憬,到头来都成泡影。人们每念及此,难免有悲冷失落之感,常常以"人生如梦"来抒发此时心中的凄苦。但在庄子心中,人生如梦不仅没有一丝悲凉,反而充满了欢乐。这是因为,庄子是以艺术的心态欣赏人生,而我们是以现实的态度体验人生。

庄子的蝴蝶梦是美丽的、动人的,"逍遥游"的境界更是绚丽多彩、令人神往。但是,它们都不是现实的存在,而是现实在庄子心灵上的折光。透过这折光,我们看到了庄子心中那个纯净美丽的世界,看到了庄子对自由的一往情深和执着追求。

自由啊,你是多么美好!

第十二章　养生之道

——"喜怒哀乐不入于胸次"

熟悉庄子的人,都知道庄子是伟大的哲学家和伟大的文学家,都会钦佩其深邃的哲学思想和浪漫主义的文学才能。但是,人们很少注意到庄子的养生理论。换句话说,就是人们十分重视作为哲学家和文学家的庄子,却忽略了作为养生学家的庄子。这其中的原因,一个是庄子的全部思想和智慧就像一株繁茂参天的大树,而他的养生理论只是这株大树上的一个枝杈;另一个是庄子所谈的养生理论和闻道之术密切相连,人们或把二者混淆为一,都看作了闻道之术。

这里,我们专门讨论庄子的养生之道。

一、"缘督以为经"

作为养生学家,庄子写了一篇《养生主》专论养生。文章开篇就说:

> 吾生也有涯,而知也无涯。以有涯随无涯,殆已!已而为知者,殆而已矣!为善无近名,为恶无近刑,缘督以为经,可以保身,可以全生,可以养亲,可以尽年。

庄子先一唱三叹,放眼人生天涯路,然后规定了养生的基本原则。

"吾生也有涯,而知也无涯",是大彻大悟的庄子回首看人生时得出的结论。在无限的时空中,人的一生只是那么一瞬,真是"人生天地之间,若白驹之过隙,忽然而已"。而放眼无限的时空,人们究竟对世界的奥秘知道了多少呢?可想而知,大概还够不上九牛一毛吧。于是，人生的"有涯"和认识的"无涯"之间的矛盾，就摆在每一个人面前，谁也无法回避。

庄子是正视这一矛盾的，没有一点困惑。因为他知道人生的有限性与世界的无限性，知道人生的有限性局限了人们的眼光。"以有涯随无涯，殆已！"这既是他对人生短暂的感叹，也是他对世界无穷的感叹。人们企图在短暂的人生中去认识无穷的世界，真是太危险了！

可世界上偏偏有许多人，无视人生的有限性与世界的无限性，他们或心高志远要穷尽真理，或欲壑难平而汲汲于功名利禄，或求仙访道要长生不老，真是愚蠢极了、可笑极了。庄子向世人大声疾呼："已而为知者，殆而已矣！"这句话的意思是要他们悬崖勒马、迷途知返。

既然贪婪和野心使人走向深渊，那就回到现实，珍重自己吧！什么功名利禄、声色狗马等身外之物，统统都去见鬼！生命比什么都宝贵，所以要精心呵护。"为善无近名，为恶无近刑，缘督以为经"，就是庄子对人间世养生经验的总结和概括，是养生必须遵照的基本原则。

庄子生逢乱世，"昏上乱相"比比皆是，人间世到处都是荆棘和陷阱，死神随时会降临。所以，养生的关键一环是保住性命、不掉脑袋。"为善无近名，为恶无近刑"，就是根本对策。名誉有害心性，刑罚有害生命，为保住心性和生命，就要"缘督以为经"，在"名"与"刑"之间找出一条路子来。

"缘督以为经"中的"经"，是"正道"的意思，即处于名与刑之间的那条路子——"督"。"缘"是因循、沿着的意思。"缘督"说明天无绝人之路，只要你认真去找寻。"为善无近名，为恶无近刑"，就是"缘督"的具体方法，意为"做好事不追求名誉，做坏事不触犯刑罚"。

如上所述，庄子的养生理论包括处世哲学。这里，我们只探讨庄子关于保养形体、保全心性、养护精神三个方面的学说。

在庄子看来，遵照他所提出的养生的基本原则，就"可以保身，可以全生,可以养亲,可以尽年"。处世方法和养生之道是一致的。"保身"包括两重含义:一是免遭刑罚;二是自我保护。"全生"即保全心性。"生"通"性",即心性或自然天性。"养亲"的"亲",即《齐物论》中与"形"相对的"真宰"或"真君",也就是人的精神。"养亲"即养护精神。人的形体、心性、精神都保养好,就可以"尽年",即享尽天年。

现在,我们必须考察一下"养生主"的含义,因为它对理解庄子的养生学说至关重要。回顾前人的解释,比较通行的解释有两种。一说以郭象为代表,以为"养生主"是"养生之主"。陆德明在《经典释文》中说:"养生以此为主也。"他们把"主"理解为宗主、主宰。另一说以刘尔楫为代表,以为"养生者,养其所以主我生也"。"主我生"者,即人的精神。两相比较,前说比较可取。庄子谈养生强调养神,但也谈养形和养性,三者是统一的。再看《养生主》全文,先是提出"为善无近名,为恶无近形,缘督以为经"的基本原则,然后就是举例怎样运用和贯彻它。所以,"养生主"就是养生的基本原则。而这个基本原则贯穿了庄子的全部养生学说,反过来也是有力的佐证。

二、形神兼养

《达生》是庄子的另一篇养生学论文。他在论述物质、身体、生命三者的关系时说:

> 达生之情者,不务生之所无以为;达命之情者,不务知之所无奈何。养形必先之以物,物有余而形不养者有之矣。有生必先无离形,形不离而生亡者有之矣。生之来不能却,其去不能止。悲夫!世之人以为养形足以存生,而养形果不足以存生,则世奚足为哉!虽不足为而不可不为者,其为不免矣。

这段话有三重含义,着重批评世俗养生的一种错误观念。

"生之情"和"命之情",都是从人的自然天性出发而予以肯定的养生之理。"不务生之所无以为""不务知之所无奈何",是说人的生命是有限的,人的智慧也是有限的,而客观世界具有无限性。所以,养生不能凭借有限的生命和有限的智慧,而去贪得无厌、不自量力地追求世界上的一切。这道理正如《养生主》篇中所说:"吾生也有涯,而知也无涯。以有涯随无涯,殆已!"

接下来,庄子谈到物质、身体、生命三者的关系。保养身体必须有必要的物质生活条件,人要吃饭、喝水、呼吸、穿衣。但是,充裕的物质生活条件并不等于健康的身体,有的人吃山珍海味、住高堂大屋、穿绫罗绸缎,却疾病缠身、骨瘦如柴。人的生命离不开身体,有的人还活着,其实生命却已不存在了,因为他们的自然天性已经丧失。可悲的是,世俗之人不明白生命源于大道,来不可却,去不可留,而误以为保养好身体就可以一直活下去。

保养身体虽然不等于养生,但"不可不为",因为人的生命不能离开身体而独立存在。所以,庄子慨叹"其为不免矣",把保养身体看作不得已的事情。

身体不得不保养,但怎样保养呢?庄子在《达生》篇中论述说:

> 夫欲免为形者,莫如弃世。弃世则无累,无累则正平,正平则与彼更生,更生则几矣!事奚足弃而生奚足遗?弃事则形不劳,遗生则精不亏。夫形全精复,与天为一。天地者,万物之父母也。合则成体,散则成始,形精不亏,是谓能移,精而又精,反以相天。

"为形",即保养身体。庄子由"弃世"谈到"遗生",由身体谈到精神,由人谈到天地,提出了"形神并养"的方法和原则。

在庄子看来,保养身体的关键是"弃世",即抛弃世俗的一切价值观念和追求,弃世则无牵无挂,即所谓"无累";无累则心性纯正和平,即所谓"正平";正平则身心一起获得生机,即所谓"更生";更生则身体健康。

弃世包括"弃事"和"遗生"两个方面。"弃事"即抛弃世事,不争名于朝,不争利于世,从而身体无劳。"遗生"即忘怀人生,不顾虑生死,从而精神无损。身体无劳则健全,精神无损则饱满。达到这种境界,就进入了自然状态,超世脱俗而游离于尘世之外了。

"天地者,万物之父母",是从宇宙生成的角度论证人与天地的关系。《至乐》篇中有云:"天无为以之清,地无为以之宁。故两无为相合,万物皆化生。""万物皆化生",人也为其中之一,源于天地而与天地同德。天地相合而产生万物,天地离散则万物回到初始的混沌状态。人如果身体健康、精神饱满,就叫作"能移",即随天地更生变化。如果得养生之道,则精神日臻完善、炉火纯青,不仅会顺应天地而自然发展,而且有助于这种发展。

在《达生》文中,周威公闻知祝肾学习养生之道,就请祝肾的学生田开之讲一讲。田开之转述祝肾的话如下:

> 善养生者,若牧羊然,视其后者而鞭之。

祝肾的意思是说,善于养生的人,就像牧羊一样,看到哪一只落在后面,就用鞭子抽它,使之赶上去。周威公不解其意,要田开之解释一下。田开之从反面举了两个例子。他说:

> 鲁有单豹者,岩居而水饮,不与民共利,行年七十而犹有婴儿之色;不幸遇饿虎,饿虎杀而食之。有张毅者,高门县薄,无不走也,行年四十有内热之病以死。豹养其内而虎食其外,毅养其外而病攻其内。此二子者,皆不鞭其后者也。

单豹、张毅丧命,都是因为违背了形神并养的原则而偏废其一。单豹隐于山间,住岩洞饮溪水,不与人争利,行年七十而面色如婴儿一般;但被饿虎捕食,没保住生命。张毅投机钻营于富豪之门,终因利欲熏心而得内热之病,烦闷而死。单豹养神而不养形,张毅养形而不养神,皆顾此失彼。根据祝肾的养生经验,这二人就像牧羊人不用鞭子赶着羊一起前进一样，结果把后面的羊丢了。

凡得养生之道者，无不注意形神并养，以神养形。《在宥》文中，黄帝"顺下风膝行而进"，问广成子："治身奈何而可以长久?"广成子说：

> 善哉问乎！来，吾语女至道：至道之精，窈窈冥冥；至道之极，昏昏默默；无视无听，抱神以静，形将自正。必静必清，无劳女形，无摇女精，乃可以长生。……慎女内，闭女外，多知为败。我为女遂于大明之上矣，至彼至阳之原也；为女入于窈冥之门矣，至彼至阴之原也。天地有官，阴阳有藏；慎守女身，物将自壮。我守其一以处其和，故我修身千二百岁矣，吾形未常衰。

"至道"，即至高无上的道。作为万物之本原，道是深不可测的。黄帝问广成子"治身奈何而可以长久"，广成子以至道答之，这是表明养生和修道一致的一个好例子。

广成子首先指出至道"窈窈冥冥"的精髓和"昏昏默默"的极致，然后指出养生的态度和方法，即通过"无视无听，抱神以静"，保持身体自然健康。内心清静，身体不劳，精神不损，就可以长生。闭目塞听，心不务外，精神不离身体，身体就不会衰老。反之形神俱败。

"大明之上"与"窈冥之门"内，是至阳和至阴之本原，是天地的宫室，那里有至道存在。至道支配着天地阴阳，自然也支配着世间万物。万物自然生长，无须劳神。因此，自身谨慎保养就可以了。

广成子把他的养生之道概括为"守其一以处其和"。"一"，即道；"守其一"即专心修道。"处其和"，是与世间万事万物调和相处，任其自然。唯其修道养神，故广成子一千二百岁而身体不衰老。

不利养形的因素很多，但首推对富贵寿善的追求。《至乐》文中分析说：

> 夫富者，苦身疾作，多积财而不得尽用，其为形也亦外矣！夫贵者，夜以继日，思虑善否，其为形也亦疏矣！人之生也，与忧俱

生。寿者惛惛，久忧不死，何之苦也！其为形也亦远矣！烈士为天下见善矣，未足以活身。吾未知善之诚善邪？诚不善邪？

人们追求富有，不惜身体受苦，拼命劳作，省吃俭用，积攒钱财，但他们只能用去很少一点。人们追求高贵，夜以继日，席不暇暖，谋虑成败，但难免有失。人一生下来，就和忧虑同在。长寿者神志不清，久忧不死，只能比常人遭受更多的痛苦。殉名之人被天下人称善，却不能保全自身的性命，这是善还是不善，谁也说不清。由此可见，追求富贵寿善，对保养身体有百弊而无一利。

养生不可贪图一时痛快，不可不顾及后果。《达生》文中强调说：

> 人之所取畏者，衽席之上，饮食之间。而不知为之戒者，过也！

"衽席之上"，指男女两性生活。"衽席"，睡觉用的席子。饮食色欲，是人的正常生理需求，是生存和繁衍后代的需要，但不可过度。"为之戒"，是有所戒备，有所警惕。"戒"是戒惧的戒，而不是戒除的戒。庄子反对禁欲，也反对纵欲，但认为纵欲对人的身体危害更大。

三、智恬相养

《养生主》文中提到"全生"，"生"通"性"，"全生"即"全性"，保全心性或自然天性的意思。《庄子》书中的另一篇文章《缮性》，是专门探讨养性的，"缮性"即养性。

庄子是天性论者，故在《庚桑楚》文中给"性"下定义说：

> 性者，生之质也。性之动，谓之为；为之伪，谓之失。

"性"是生命的本质，也就是人的天性，与生俱来。这是庄子天性论的理论基础。人的天性本来是自然清静的，如果受外物感召而动，就产生了具体的动作行为。有所作为就加上了人的作用，而这种作用恰恰与人的天性相违背，故称之为"伪"。"伪"这个字从"人"从"为"，

"为"声,形声兼会意。凡人所为都是不自然的,都是"伪"的,故有所作为就失去了天性。

人的自然天性最重要,不仅不可失,而且不可变,故《天运》文中把性与命、时、道相提并论说:

> 性不可易,命不可变,时不可止,道不可壅。苟得于道,无自而不可;失焉者,无自而可。

在庄子看来,性、命、时、道四者,自然发展而人无法改变,也无力改变。四者还是相关的,人不失天性,乐天知命,顺时而变,就进入了道的境界。得道则上天入地,无所不通;失道则四面楚歌,走投无路。

庄子想象,远古之人的天性自然,"在混芒之中,与一世而得淡漠焉",即生活在混混沌沌之中,淡漠人世的一切。后来人失其天性,完全是统治者实行统治和教化的恶果。《缮性》文中分析说:

> 逮德下衰,及燧人、伏戏始为天下,是故顺而不一。德又下衰,及神农、黄帝始为天下,是故安而不顺。德又下衰,及唐、虞始为天下,兴治化之流,澆淳散朴,离道以善,险德以行,然后去性而从于心。心与心识,知而不足以定天下。然后附之以文,益之以博。文灭质,博溺心,然后民始惑乱,无以反其性情而复其初。

德衰三次,人性丧失殆尽,积重难返。燧人、伏羲之世,民心虽然顺从,但已不那么纯粹了。乃至神农、黄帝之世,民众虽然安定,但民心并不顺从了。到尧、舜之世,开统治、教化之风,澆淳散朴,背道害德,然后人舍其天性而生私心。人以私心互相窥测,天下就不可能安定,然后产生了花言巧语,加之以旁征博引。花言巧语掩盖了人纯朴的本质,旁征博引湮没了人的自然天性,然后民众大乱,没有任何办法能使人的性情再恢复到初始的纯朴状态。

我们通常认为,人类和人类社会是不断进步的,前景一片光明。科学技术的进步,生产的发展,确实使人类的物质生活水平不断得到提高。如果我们走进历史博物馆，看一看先民们吃野果、穿兽皮，以渔猎和采集为主要生产手段的石器时代，再比较一下我们今天的物质生活，不难得出结论，人类在物质文明创造上取得的巨大成就是用任何语言都无法表达的。

但是，物质生产水平的提高导致了私有制的产生，私有制的产生破坏了社会道德，这个问题一直困扰着人类。人们为一己之私利，钩心斗角，不择手段，人际关系日益复杂化。庄子认为中国自燧人、伏羲以下，德衰三次，如果从这个角度看，不是没有道理的。

人一旦失去自然天性，代之以爱欲憎恶，就会病入膏肓，不可救药。在《则阳》文中，长梧封人对孔子的学生子牢说：

> 君为政焉勿卤莽，治民焉勿灭裂。昔予为禾，耕而卤莽之，则其实亦卤莽而报予；芸而灭裂之，其实亦灭裂而报予。予来年变齐，深其耕而熟耰之，其禾蘩以滋，予终年厌飧。

"卤莽"即"鲁莽"，"卤"通"鲁"。"灭裂"与"卤莽"同义，有草率从事的意思。长梧封人以种禾方式的粗放或精细而收获不同为例，比喻为政治民要顺应民众的自然天性，否则不得好报。

庄子闻知长梧封人的话，感悟到人们修身养性有如长梧封人"耕而卤莽"所为，草率从事则产生恶果而自食。他说：

> 今人之治其形，理其心，多有似封人之所谓：遁其天，离其性，灭其情，亡其神，以众为。故卤莽其性者，欲恶之孽为性，萑苇蒹葭始萌，以扶吾形，寻擢吾性。并溃漏发，不择所出，漂疽疥痈，内热溲膏是也。

"遁其天"的"遁"，与"离""灭"义近。"欲恶之孽"的"孽"，通"蘗"，本义是树木被伐后再生出来的幼芽。

天性神情，都是身心的自然表现。修身养性者，如果使天性神情离散毁灭，去追随俗人的所作所为，实在无异于农夫"卤莽"其禾、君主

"卤莽"其政其民。"欲恶之孽"是在人的本性泯灭以后生出来的，而世俗之人以此取代自己的本性。这就如同芦苇萌芽，长势很快，不久就遮住了自己的身体，接着拔除了自己的本性。结果是溃漏并发，遍体流脓淌血，如脓疮疥痈、内热乳尿，着实令人恶心。

肯定了性是人的生命的本质，是与生俱来的，养性的目标就明确了。所谓养性，就是保持人的自然天性而不失之。因此，凡属后天产生的欲念、来自外界的干扰，都有害于性。《天地》文中有下面这样一段论述：

> 百年之木，破为牺尊，青黄而文之，其断在沟中。比牺尊于沟中之断，则美恶有间矣，其于失性一也。跖与曾、史，行义有间矣，然其失性均也。且夫失性有五：一曰五色乱目，使目不明；二曰五声乱耳，使耳不聪；三曰五臭薰鼻，困惾中颡；四曰五味浊口，使口厉爽；五曰趣舍滑心，使性飞扬。此五者，皆生之害也。

"牺尊"是雕刻成牺牛形状的器皿，是名贵的祭神之器。"尊"通"樽"。"五臭"，指膻、焦、香、腥、朽。"困惾中颡"："困惾"，闭塞；"颡"，通"噪"。"厉爽"，指病伤。

从天性论的角度出发，对自然的任何破坏都有害于天性，不管其破坏方式如何。例如百年大树，伐倒后一部分雕为牺尊，饰以青黄之色；一部分弃在沟中。从世俗的观点来看，牺尊和沟中断木有美恶之别；但从天性论的角度观察，为牺尊和做断木，都使百年之木失去了自然天性，结果是相同的。人世和自然同理。例如盗跖凶、曾参孝、史鱼直，从世俗的观点来看，他们的品行有美恶之别；但从天性论的角度观察，为美和为恶都使人失去了自然天性，结果是相同的。

所谓"失性有五"，其中的五色、五声、五臭、五味，对人的感官产生刺激，诱使人心外务。"趣舍"指趋利舍害。"滑心"即心乱。人趋利舍害，就要投机钻营，以致神不守舍。五者的世俗价值很高，但都是人性的大敌。养生者一着不慎,必受其害。

《骈拇》一文,也是论人性的,文中反复强调人性就是人的自然本性。文中论述本性不可乱时说:

> 彼正正者,不失其性命之情。故合者不为骈,而枝者不为跂;长者不为有余,短者不为不足。是故凫胫虽短,续之则忧;鹤胫虽长,断之则悲。故性长非所断,性短非所续,无所去忧也。

"正正",有学者以为是"至正"之误,可从。至正者,即知养生之道者,很善于保持性命的本质,根本不把两枝合生看作骈,也不把枝生小指看作跂。自然的就是合情合理的,无论其长短。这就像野鸭脚,虽短但不能续长;又像鹤脚,虽长但不能截断。因为无论脚短脚长,都出自天然。天性不可易,易之则乱,易之则忧。

名利为世俗之人所梦寐以求,是人性的大害。《骈拇》文中明确指出:

> 自三代以下者,天下莫不以物易其性矣!小人则以身殉利;士则以身殉名;大夫则以身殉家;圣人则以身殉天下。故此数子者,事业不同,名声异号,其于伤性以身为殉,一也。

三代以下,是为小康,现代史家一般认为其是私有制的开始。"天下莫不以物易其性"中的"物",不仅指财物,还包括名声。私有制产生以来,人们所追求的对象无非名和利,从小人到圣人,没有例外。这里所说的圣人,指诸侯或天子。

尤其令人惊讶的是,人们争名逐利达到了丧心病狂的程度。例如,在庄子所处的战国时代,不但诸侯之间展开了生死搏斗,刀光剑影,战火连绵,而且屡屡出现君臣相残、兄弟火拼,腥风血雨,此起彼伏。人们为争得名利,连身家性命都不顾了,还有什么人性可言呢!

仁义为儒家所津津乐道;但在庄子看来,仁义非但不合人性,而且是伤性乱世的。《骈拇》文中论证说:

夫小惑易方，大惑易性。何以知其然邪？自虞氏招仁义以挠天下也，天下莫不奔命于仁义。是非以仁义易其性与？

"小惑"，指规矩绳墨等。"大惑"，指仁义。庄子以为仁义的观念始于虞舜，不得而知；但仁义是针对社会动乱和人心不定而设计的，则毫无疑问。儒家推崇尧、舜，主张以仁义治天下，在历史上也起过进步作用。庄子否定仁义，出发点还是他的天性论：仁义是社会道德，是社会发展到一定阶段的产物，在一定程度上跟人性发生矛盾，所以说仁义有害于人性；而人失去本性是社会动乱的根本原因，所以说仁义乱世。

要保持人性不失，就要养性。庄子论养性，多从反面入手，正面论述不多。《缮性》文中在提出"智恬相养"时说：

古之治道者，以恬养知。生而无以知为也，谓之以知养恬。知与恬交相养，而和理出其性。

"恬"，指恬淡自然之天性。"知"通"智"，智慧。"和理"，指道德，指出自人的自然天性而不失其自然，不同于儒家的道德概念。

"古之治道者，以恬养知"，表明修道与养性是一致的。得道者大彻大悟，但他的智慧出自天性，而不是刻意求取的。得道者是智者，他的智慧生成却不外用，不作为猎取功名的工具，而是返回去培养恬淡的天性。二者彼此滋养，不断升华，道德就自然而然地产生于其中了。

四、养神为上

在庄子的养生学说中，养神最为重要。在《养生主》篇中，有下面这样一则寓言：

泽雉十步一啄，百步一饮，不蕲畜乎樊中。神虽王，不善也。

这故事很有趣。"雉"即野鸡，生活在草泽中，十步啄一口食，百步喝一口水，真够艰苦的。但野雉不祈求被人畜养在樊笼里，尽管那里遮风避雨、饮食甘美，着实令人神往。究其原因，是因为一旦被关进樊笼，就永远失去了自由。这个寓言旨在说明，养生主要在于精神上保持自由，而不在于丰衣足食。

《养生主》结尾的"指穷于为薪，火传也，不知其尽也"一句，也是比喻。"指"通"脂"，脂肪。"指穷于为薪"，即脂为薪而穷。脂肪裹薪，是为火把。一支火把燃尽了，脂薪皆无，但可在燃尽之前引燃另一支火把，故薪尽火传，永不穷尽。这里，"薪"比喻人的躯体，"火"比喻人的精神。因为以道观之，人的躯体只有偶像意义，生命源于大道，归于大道，故无所谓生死，因而庄子以永远相传不尽的火比喻人的精神。

养神之道，静则恬淡无为，动则随顺天然，保持天性的纯朴。《刻意》篇中论养神之道时强调说：

> 夫恬惔寂漠，虚无无为，此天地之平而道德之质也。故曰：圣人休休焉则平易矣，平易则恬惔矣。平易恬惔，则忧患不能入，邪气不能袭，故其德全而神不亏。

"恬惔"即"恬淡"，"惔"通"淡"。"寂漠"即"寂寞"，"漠"通"寞"。在庄子的哲学思想中，恬淡、寂寞、虚无、无为是四个重要范畴，是天地的准则和道德的极致。庄子几乎把这些范畴延伸到为君治国、为人处世、修身交游等各个方面，养生自然也不例外。"圣人休休焉则平易矣"，即圣人用心于恬淡、寂寞、虚无、无为，从而与外界事物不发生矛盾，故说平易。平易则处世恬淡，忧患不入于胸，邪气不袭于内，从而德全而精神饱满。"德全而神不亏"的德，是自然之德，亦即天性。

平易恬淡既有益于养性，又有益于养神，养生者不可不知，不可不用心体会。否则，一味追求酒肉声色，就有阴阳失调、精神紊乱之虞。《徐无鬼》文中，徐无鬼对魏武侯说：

> 君独为万乘之主，以苦一国之民，以养耳目鼻口，夫神者不自许也。夫神者，好和而恶奸。夫奸，病也，故劳之。

　　这段话的意思是说，魏武侯凭借自己的权力和地位，残酷压榨全国的老百姓，以满足自己的贪欲。他只顾养形，但精神并不愉快。这是为什么呢？原来精神喜欢和谐而厌恶紊乱。精神紊乱，必然导致疾病。因此，徐无鬼来慰劳他，告诫他不要只养形而不养神。

　　精神因素可以致病，也可以治病；可以致人死亡，也可以起死回生。《达生》篇中有一个齐桓公见鬼的故事，前一部分的情节如下：

　　　　桓公田于泽，管仲御，见鬼焉。公抚管仲之手曰："仲父何见？"对曰："臣无所见。"公反，诶诒为病，数日不出。齐士有皇子告敖者，曰："公则自伤，鬼恶能伤公！夫忿滀之气，散而不反，则为不足；上而不下，则使人善怒；下而不上，则使人善忘；不上不下，中身当心，则为病。"

　　"桓公"即齐桓公小白，春秋时代的第一个霸主。他一得管仲为相，就野心勃勃，要称霸天下。"田"，通"畋"，畋猎。"诶诒为病"的"诶诒"，是象声词，指呻吟声。"散而不反"的"反"，通"返"。

　　这故事开头颇具神秘色彩。齐桓公在泽中打猎看见了鬼，指给为他驾车的管仲看，管仲却一无所见。返回朝中，齐桓公竟生起病来，数日不能出朝。齐士皇子告敖对齐桓公病因的分析，可谓一针见血、鞭辟入里。他首先肯定齐桓公是自伤，而不是为鬼所伤。接下来他分析"忿滀之气"，即愤急之气，导致的各种症状：这种气如果扩散而不能收复，则导致体内气虚；如果集中于身体的上部而不能下降，则导致肝火太盛，使人易怒；如果集中于身体下部而不能上升，则导致心气不足，使人善忘；如果集中于中焦当心处，则导致心脏受损，使人得病。看来，齐桓公的病当是愤急之气集于中焦所致。

　　皇子告敖讲得头头是道，齐桓公听得句句有理，但泽中所见之鬼的影子还是在他的脑海里若隐若现，他就借机问皇子告敖到底有没有鬼。所以，故事还要继续下去。下面是故事的后一部分：

桓公曰:"然则有鬼乎?"曰:"有。沈有履;灶有髻;户内之烦壤,雷霆处之;东北方之下者倍阿,鲑蠪跃之;西北方之下者,则泆阳处之。水有罔象,丘有峷,山有夔,野有彷徨,泽有委蛇。"公曰:"请问委蛇之状何如?"皇子曰:"委蛇,其大如毂,其长如辕,紫衣而朱冠。其为物也恶,闻雷车之声则捧其首而立。见之者殆乎霸。"桓公辴然而笑曰:"此寡人之所见者也。"于是正衣冠与之坐,不终日而不知病之去也。

"沈有履"的"沈",指污水积聚的地方。"户内之烦壤","烦壤"指尘土积聚的地方。"东北方之下者倍阿","倍阿"指土堆。履、髻、雷霆、鲑蠪、泆阳、罔象、峷、夔、彷徨、委蛇,都是鬼神名。

齐桓公早就有称霸的野心,因一时不能得逞而心焦致病。皇子告敖摸透了他的心思,又了解到他在泽中所见的情况,故先投其所好,一一列举传说中的鬼神,特别提到泽中的委蛇。皇子告敖对泽中委蛇的描绘,惟妙惟肖,活灵活现,明说委蛇,暗指齐桓公田猎时的车马衣冠。然后以"见之者殆乎霸"一语,揭开齐桓公心底的秘密。齐桓公茅塞顿开,辴然而笑,不到一天病就好了。这正如俗话所说:"心病还需心药治。"

养神的方法,与修道之术密不可分,似乎与气功也有联系。下面具体介绍几种。

先说"心斋"。"心斋"的"斋",不是斋戒,与祭祀无关。在《人间世》文中,颜回问他的老师仲尼(即孔子)什么是心斋,仲尼回答说:

> 若一志,无听之以耳而听之以心;无听之以心而听之以气。听止于耳,心止于符。气也者,虚而待物者也。唯道集虚。虚者,心斋也。

"听止于耳",宣颖《南华经解》认为当作"耳止于听"。根据上下文句法,其说可从。"心止于符","符"是接合的意思。

孔子把心斋解释为一个"虚"字,妙不可言。具体说来,心斋是通过停止与外界接触所达到的一种精神状态。常人是用耳朵感知声音的,但要达到心斋的境界,就不能用耳朵去听,而是要用心去听;甚至不能用心去听,而是要用气去听。"心止于符",即所谓"对境莫任心,对心莫任境"。"听之以气",是近乎荒诞的说法。气本身不能听,也就不能从外界接受信息,所以是"虚而待物者"。万物都是实在的,唯有道是虚的,所以说"唯道集虚"。

次说"丧我"。"丧我"就是忘我。《齐物论》开头写道:

南郭子綦隐机而坐,仰天而嘘,嗒焉似丧其耦。颜成子游立侍乎前,曰:"何居乎?形固可使如槁木,而心固可使如死灰乎?今之隐机者,非昔之隐机者也?"子綦曰:"偃,不亦善乎而问之也!今者吾丧我,汝知之乎?女闻人籁而未闻地籁,女闻地籁而未闻天籁夫!"

南郭子綦,楚昭王庶弟,楚庄王司马。因其住在南郭,故称之"南郭子綦"。颜成子游,名偃,子綦的弟子。南郭子綦凭案而坐,仰着头,面朝天,慢慢地吐气。这个样子让子綦身边的学生颜成子游都大吃一惊,不明何故。子游看到"今之隐机者"与"昔之隐机者"判若两人,是由于今之隐机者形如槁木、心如死灰,已经"丧其耦"了。

"丧其耦"与子綦的答语"吾丧我"相对应,"耦"通"偶"。"丧耦"即"丧我",这个"我"是"昔之隐机者",指过去的子綦。"吾丧我"的"吾",是"今之隐机者",指已经"丧我"的子綦。简言之,"吾丧我"中的"我",是故我,是有名、有功、有己的我;"吾"是新我,是无名、无功、无己的我。

"吾丧我"是精神境界的升华。一个人如果从狭隘和偏私中走出来,把功名利禄等世俗追求的东西一一抛开,洗净在世俗沾染的一切污泥浊水,那么,他就能够再现自己纯净的灵魂,进入"丧我"的境界,从而体悟真正的生命。

"人籁""地籁""天籁"这"三籁",是南郭子綦向颜成子游提出的问题。子游知道"地籁则众窍是已,人籁则比竹是已",但不知道天籁是何物,故问于子綦。子綦解释说:"夫吹万不同,而使其自己也。咸其自取,怒者其谁邪?"所谓天籁,即自然之箫。所谓天籁之音,即自然的箫声。"丧我",就是效法天籁,回到自然状态。南郭子綦的提问,实际上是对颜成子游的启发,是得道者的妙语。

再次说"坐忘","忘"是忘记的"忘"。《大宗师》文中,颜回与仲尼师徒二人有一段关于"坐忘"的对话,兹摘录之:

> 颜回曰:"回益矣。"仲尼曰:"何谓也?"曰:"回忘仁义矣。"曰:"可矣,犹未也。"他日复见,曰:"回益矣。"曰:"何谓也?"曰:"回忘礼乐矣。"曰:"可矣,犹未也。"他日复见,曰:"回益矣。"曰:"何谓也?"曰:"回坐忘矣。"仲尼蹴然曰:"何谓坐忘?"颜回曰:"堕肢体,黜聪明,离形去知(智),同于大通,此谓坐忘。"仲尼曰:"同则无好也,化则无常也。而果其贤乎!丘也请从而后也。"

这段对话饶有风趣。仲尼一次次肯定学生颜回的进步,但又一次次以为不足。可当他听到颜回达到"坐忘"的境界时,神态大变,竟然要拜学生为师了。

何谓"坐忘"?颜回自己的解释很清楚,就是"堕肢体,黜聪明,离形去知,同于大通"。"离形去知",是对"堕肢体,黜聪明"的概括,意思是把肢体看作不存在,把聪明智慧抛弃掉。"同于大通","大通"即道,唯道无所不在、无所不通。"离形去知",则神归于道。

"坐忘"的形象,就像《齐物论》中的南郭子綦,"隐机而坐,仰天而嘘,嗒焉似丧其耦"。"坐忘"的方法,就是《人间世》中仲尼讲的"若一志,无听之以耳而听之以心,无听之以心而听之以气"。

由此可见,"坐忘"与"丧我""心斋"三种养神方法,息息相通。

综合上述,庄子的养生学说是自成体系的养生理论。首先,他把人看作自然界的一部分,因此主张养生要遵守自然法则。其次,他把人看作一个系统,比较充分地认识到养生是一个系统工程。人的身体、心性、精神密切联系,所以养生不可偏废其一,要彼此兼顾。再次,他提出了"丧我""心斋""坐忘"等具体的养生方法,在今天仍有一定的科学价值。

庄子的养生学说,是一份宝贵的文化遗产,有待我们深入发掘。有好之者,不妨一试。

汉唐书局